LAS FUERZAS ARMADAS DE LOS ESTADOS UNIDOS

Una guía para el alistamiento militar

¿ES ESTA LA CARRERA PARA TI?

AGRADECIMIENTOS

Aunque servir veinticinco años en el servicio activo del Cuerpo de Marines requirió mi propia disciplina, paciencia, tiempo y motivación, entre otras muchas cosas, decir que lo hice solo sería un error. Mi éxito se debe a mi familia y mis amigos.

Un agradecimiento especial a un gran grupo de tíos y tías de los que he obtenido conocimiento y fuerza. A lo largo de los años ha sido estupendo contar con su orientación, sus consejos y su amistad.

Tío Efraín Andújar, ¡eres el mejor! Divertido, inteligente y siempre dispuesto a dar excelentes consejos.

Mi difunta madre, Consuelo Nieves, no hay palabras para definir lo que lograste en tu vida como madre y amiga.

A mi mujer, Corinne, mi hijo, Miguel, y mi hija, Carina, gracias por aguantarme. ¿Es hora de otro viaje por carretera?

Me gustaría dar las gracias a todos los infantes de marina que me han ayudado a lo largo del camino. El Cuerpo de Marines prácticamente me educó. Aprendí muchas lecciones que aún hoy me sirven de mucho.

Un agradecimiento especial a todos los miembros de mi familia.

He tenido éxito solo porque todos ustedes me han ayudado a tener éxito.

ÍNDICE

CAPÍTULO 1

¿POR QUÉ ESCRIBIR ESTE LIBRO?

Me hice esta pregunta muchas veces. En ocasiones, cuando escucho a compañeros de trabajo en la sala de descanso o a la gente en la fila de una cafetería, me entero de las ideas equivocadas que la gente tiene sobre las fuerzas armadas. Ahora trabajo para el Servicio Postal de los Estados Unidos, y aunque el Servicio Postal emplea actualmente a unos ciento noventa mil veteranos, sigo rodeado de muchas personas que no saben mucho sobre las fuerzas armadas. Sólo saben lo que ven en los programas de televisión y en las películas o en la información que recaban de otras personas que no son militares. La mayor parte de la información que tienen es inexacta. Hace ya bastantes años que me retiré del Cuerpo de Marines, pero sigo estando informado de todo; mis últimos once años los pasé en el sector del reclutamiento.

A lo largo de los años, familiares, amigos y vecinos me han preguntado por mis experiencias en las fuerzas armadas. A veces conocen a alguien que está considerando alistarse en las fuerzas armadas y me envían a ese joven.

Después de escuchar mis respuestas, estos jóvenes me dicen que debería escribir un libro. Afirman que les gusta escuchar mis comentarios y respuestas porque no les digo si deberían alistarse o no en las fuerzas armadas; sino que simplemente les proporciono los conocimientos que necesitan para tomar su propia decisión.

Ahora bien, ¿qué debía escribir? ¿Qué debía decir que fuera interesante o útil para el lector? Después de una profunda consideración, decidí que este libro debía ser, ante todo, claro y directo. Debía ser fácil de seguir y útil para los interesados que necesitan saber cómo es alistarse en las fuerzas armadas. También decidí que el objetivo del libro es ofrecer la información más precisa y sincera sobre el reclutamiento militar y la vida en las fuerzas armadas. Quería que el libro beneficiara a cualquiera que estuviera considerando alistarse como también a sus seres queridos. Quería que te sintieras un poco más informado sobre tu decisión. Permíteme señalar también que el propósito de este libro no es convencerte de que te alistes o no en las fuerzas armadas. Se trata de educarte para que puedas tomar esta información y añadirla a la información que recopiles de la Internet, de la oficina de reclutamiento y de tus amigos y familiares, y luego juntar todo y tomar tu propia decisión. A todos les gusta que le digan que son personas conocedoras; cuando termines de leer este libro vas a ser un conocedor. Conocedor de muchas cosas relacionadas con el reclutamiento militar y cómo funciona el proceso para ti, el aspirante.

Por último, pero no por ello menos importante, a medida que vayas leyendo, toma notas de todo lo que te resulte útil y repásalo antes de tener tu primera cita con un reclutador. No te descalifiques en función de algo que hayas leído en este libro, porque los tiempos y las normativas de reclutamiento cambian. Cuanto más sincero seas con tu reclutador, más tiempo ahorrarás y mejor podrá el reclutador determinar tus cualificaciones. Algunas descalificaciones no son permanentes, y un buen reclutador te guiará en la dirección correcta y te dirá la verdad.

CAPÍTULO 2

PARA LOS PADRES

Este capítulo presenta los pasos del proceso de alistamiento. Pueden obtener información actualizada directamente del reclutador de su hijo. Así que, manos a la obra.

En primer lugar, su hijo debe mostrar interés por las fuerzas armadas. Este interés puede provenir de películas, un familiar, amigos, juguetes, videojuegos, anuncios de televisión, etc. Hay influencias internas y externas que afectan a un joven y pueden hacerlo pensar en alistarse en las fuerzas armadas. Para ser sincero, algunos chicos nacen con ese deseo desde el principio; siempre están haciendo ejercicio, y nunca aceptarán otra carrera que no sea la militar. He conocido a algunos, y aun así he tenido que hablar con ellos para explicarles la seriedad de sus obligaciones militares antes de alistarlos en las fuerzas armadas.

Una vez que su hijo decida ponerse en contacto con un reclutador militar, será examinado para determinar si cumple los requisitos mínimos. Si un reclutador está haciendo bien su trabajo, lo someterá a una evaluación para descalificarlo. Sí, han leído bien: El reclutador debería hacer una evaluación para descalificar a su hijo. Esto les ahorrará tiempo tanto a su hijo como al reclutador.

El reclutador debe hacer preguntas relacionadas con tres áreas principales: educación, implicación policial y aptitud física.

Educación

Todos los aspirantes deben ser graduados de la escuela secundaria o estar en el último año de la escuela secundaria con buenas calificaciones para graduarse a tiempo. Su hijo debe haber pasado recientemente el examen de aptitud profesional para las fuerzas armadas (ASVAB, por sus siglas en inglés) en la escuela o ser capaz de aprobarlo con facilidad. Se trata de un examen de tres horas comparable al test de aptitud escolástica (SAT, por sus siglas en inglés). Con el consentimiento de su hijo, el reclutador le tomará un examen previo en la oficina de reclutamiento para determinar si tiene la aptitud necesaria para aprobar el ASVAB. Si su hijo pasa el examen previo, se lo invitará a tomar el ASVAB de forma gratuita. Este examen se realiza a veces en un centro de exámenes designado o en una estación de procesamiento de admisión militar (MEPS, por sus siglas en inglés). Su hijo tiene que entender que aceptar tomar el ASVAB con un reclutador debe hacerse sólo con el compromiso de alistarse. Esto es parte de la cadena del proceso de reclutamiento. Cuanto mejor sea el puntaje que su hijo obtenga en el examen ASVAB, más programas y bonificaciones (si estuvieran disponibles) puede ofrecerle el reclutador con un contrato de alistamiento.

Un aspirante joven que se haya esforzado durante sus años de escuela intermedia y secundaria generalmente obtendrá buenos resultados en el ASVAB. Una vez aprobado el ASVAB, el aspirante puede hablar con su reclutador sobre el puntaje obtenido y para qué lo calificó. Algunas escuelas secundarias toman el ASVAB a sus estudiantes de undécimo y duodécimo grado. Si el puntaje es alto y no tiene más de dos años, puede utilizarse para el alistamiento.

Hay libros a la venta que le ayudarán a saber qué contiene el ASVAB; también contienen ejemplos de exámenes para que su hijo practique. Además, hay una serie de aplicaciones gratuitas, que no tardan más de tres minutos en instalarse en un teléfono móvil. Las aplicaciones proporcionan una gran herramienta para que el usuario practique preguntas sobre todos los temas del ASVAB e incluye uno o más exámenes de práctica.

Según mi experiencia, la mayoría de los aspirantes que inicialmente suspenden el ASVAB son capaces de aprobarlo en un intento posterior después de tomar algunas clases de matemáticas e inglés en un colegio universitario local. Algunos de mis aspirantes contrataron a tutores de matemáticas e inglés que les ayudaran a aprobar el examen, lo cual es absolutamente legal y aceptable.

Si su hijo obtiene un puntaje perfecto o casi perfecto en el ASVAB, debería tener la oportunidad de hablar con un oficial de selección de oficiales (conocido como OSO, por sus iniciales, en el Cuerpo de Marines). Este oficial hablará con su hijo para saber si está interesado en una carrera militar como oficial, en lugar de los rangos de alistamiento.

Del mismo modo, si su hijo ha completado algunos estudios universitarios o es graduado universitario, debe asegurarse de que el reclutador esté informado de ello. Esto también puede conducir a un alistamiento en los rangos de oficiales.

Permítanme darles una situación hipotética con la que los reclutadores militares se encuentran en ocasiones. Un estudiante de último año de secundaria con calificaciones por debajo del promedio obtiene un puntaje alto en su ASVAB administrado por la escuela, o un puntaje alto en su examen previo en la oficina del reclutador. Aunque está precalificado para el alistamiento en el programa de ingreso diferido, el reclutador no lo alistará hasta que el estudiante haya demostrado una mejora en sus calificaciones. El objetivo de cualquier reclutador es alistar a aquellos que están precalificados, lo que incluye graduarse a tiempo en su último año de secundaria.

Implicación policial

A su hijo se le harán preguntas relacionadas con cualquier posible implicación policial. El propósito de estas preguntas no es ofender a nadie, sino garantizar que sólo los calificados entren en nuestras filas militares. Entonces,

¿qué tipo de implicación policial quieren conocer los reclutadores? De todo tipo. Si su hijo fue acusado de hurto a los once años, queremos saberlo. No es que necesariamente lo descalificará. Padres, díganle a su hijo que sea sincero con el reclutador. Tenemos exenciones morales que exoneran a un individuo por la mayoría de sus antiguas violaciones de la ley y que le permiten seguir adelante con su futuro militar.

Algunas confesiones más graves requieren que su hijo demuestre un historial de mejora en su conducta. He aquí un ejemplo: Digamos que su hijo tuvo una acusación por robo de automóvil a la edad de dieciséis años. Consiguió graduarse de la escuela secundaria estudiando por la noche. Luego continuó con sus estudios superiores y obtuvo un título de asociado o diplomatura y actualmente está tomando clases a tiempo completo para obtener una licenciatura. Además, desde los dieciséis años no ha tenido ninguna implicación policial. Hoy tiene veintiún años y quiere alistarse en las fuerzas armadas. Debido a que ha demostrado su voluntad de mejorar su vida, es posible que el oficial superior del reclutador pueda concederle una exención moral para su alistamiento. Tengan en cuenta que cada caso es diferente y será juzgado por sus propios méritos. Los diferentes cuerpos de las fuerzas armadas gestionan la implicación policial y las exenciones morales a su manera.

Yo recomendaría que cuando el reclutador empiece a hacer preguntas sobre la implicación policial, ustedes (los padres) se retiren de la oficina. Según mi experiencia, los aspirantes no lo cuentan todo cuando sus padres están presentes.

El reclutador le preguntará a su hijo sobre cualquier tipo de consumo de drogas legales e ilegales, tanto si ha participado la policía como si no. Necesitamos saber sobre cualquier droga que su hijo haya consumido. El uso de drogas ilegales no se tolera en las fuerzas armadas. Dar positivo por consumo de drogas ilegales durante el examen médico en el MEPS constituye una descalificación. Cuando estaba en las fuerzas armadas, mis compañeros infantes de marina y yo éramos constantemente sometidos a análisis de orina aleatorios para detectar un posible consumo de drogas. Los análisis no me molestaban; me encantaba la idea de estar rodeado de personas que no consumían drogas.

La política de alistamiento de alguien que ha consumido drogas o ha estado implicado en actividades policiales varía según el cuerpo militar. Lo que un servicio puede exonerar y conceder a su hijo una exención moral, otro puede considerarlo motivo de descalificación.

En el momento de escribir estas líneas, unos once estados han legalizado la marihuana. A nivel federal, deben saber que su hijo no puede alistarse en las fuerzas armadas si consume marihuana.

Aptitud física

El reclutador militar le preguntará a su hijo sobre cualquier dolencia física, afección, visita al hospital, etc. Lo que el reclutador está tratando de hacer es asegurarse de que su hijo no tenga ninguna descalificación física permanente o temporal.

Una vez más, es importante que su hijo sea sincero con el reclutador. En la consulta, el reclutador también medirá su altura y su peso, como haría un médico. Esta medición de la altura y el peso se utiliza para determinar el índice de masa corporal (IMC) de su hijo. El IMC no es más que una medida de peso saludable frente al no saludable. Posteriormente, el reclutador puede solicitar documentación médica. A algunos aspirantes se les dirá que tienen sobrepeso y que no cumplen con los requisitos para alistarse en las fuerzas armadas. Las normas de peso existen por dos razones 1) por la seguridad de su hijo, para que sea menos susceptible de sufrir lesiones durante el entrenamiento, y 2) por el rendimiento; cuando un infante de marina, soldado, marinero o aviador está en excelentes aptitudes físicas, puede desempeñar las tareas que se le asignan de manera segura.

Una vez que su hijo haya sido evaluado en las tres categorías y se haya determinado que está precalificado, se le hará una presentación completa sobre el proceso de alistamiento y los beneficios militares. La duración de esta entrevista puede ser tan corta como treinta minutos o tan larga como un par de horas, dependiendo de las preguntas o preocupaciones que el reclutador quiera abordar.

Como reclutador me encontré con muchas situaciones durante las entrevistas. Algunos padres querían asistir a la preselección y la entrevista. Otros querían esperar en la oficina hasta que terminara. Otros simplemente no estaban interesados en la entrevista y solo llevaban e iban a buscar a su hijo a la oficina. Como nota al margen, un reclutador dispone de un vehículo oficial para trasladar al joven a la oficina y llevarlo nuevamente a casa de forma gratuita. El reclutador no está autorizado para transportar en el vehículo a nadie más que a los aspirantes. Así que, padres, no lo tomen como algo personal cuando el reclutador les diga que solo puede transportar a su hijo.

Siempre animé a los padres a que asistieran a la entrevista y reservaran todas sus preguntas para hacer al final. Cuando terminaba la entrevista, pero antes de preguntar al aspirante si quería seguir adelante con el alistamiento, les pedía a los padres que me hicieran preguntas o cualquier otro comentario que tuvieran.

Si un aspirante decidía no seguir adelante con el alistamiento, ya fuera porque estaba comparando diferentes ramas de las fuerzas armadas o porque no estaba seguro del compromiso, simplemente le pedía permiso para seguir en contacto. Continuaría respondiendo a cualquier pregunta o preocupación cuando me encontrara con este estudiante en la escuela militar.

Si su hijo decide seguir adelante con el proceso de alistamiento, las cosas se harán en este orden: El aspirante firmará un consentimiento para una verificación policial de antecedentes, una verificación policial de menores, una verificación del historial de manejo y, si todavía está en la escuela secundaria, una verificación de calificaciones y estado escolar. Si un aspirante es menor de diecisiete años, estas verificaciones solo se pueden realizar con el consentimiento de los padres. Esto incluye el alistamiento. Independientemente de la edad, verán que los reclutadores quieren la bendición de los padres antes de seguir adelante con el alistamiento del joven.

A continuación, su hijo será citado para realizar el examen ASVAB, que tendrá lugar ese mismo día o al día siguiente. Normalmente, el reclutador recogerá a su hijo en un vehículo del gobierno y lo llevará al lugar del examen.

Una vez que su hijo haya realizado el ASVAB, el reclutador hablará con él sobre los resultados del examen. El examen ASVAB consta de diez secciones que arrojará cierto puntaje. Cuanto más alto sea el puntaje de su hijo en algunas áreas, a más especialidades ocupacionales militares (MOS, por sus siglas en inglés) podrá calificar. En el momento de realizar el examen ASVAB, puede haber algunas bonificaciones universitarias, programas especiales y ofertas disponibles para su hijo según los resultados obtenidos en el ASVAB.

Por ejemplo, digamos que los resultados que su hijo obtuvo en el ASVAB lo califican para un programa de mecánica de aviación en el que está interesado. Al mismo tiempo, también hay un convenio por el que, si su hijo se alista durante un mínimo de seis años, obtiene un fondo universitario de $USD 50.000 para utilizar junto con su generoso beneficio educativo para los miembros de las fuerzas armadas, veteranos y familias de militares, conocido en inglés como Montgomery GI Bill, en el futuro.

A veces las fuerzas armadas ofrecen bonificaciones de alistamiento, así que no tengan miedo de preguntar si hay alguna disponible. Algunas bonificaciones requieren cierto puntaje en el ASVAB, mientras que otras requieren cierta duración del alistamiento. Algunas bonificaciones son para un campo específico, como, por ejemplo, músico para la banda militar.

Recuerden que los tiempos cambian, y los programas y oportunidades también. El reclutador sólo puede ofrecer lo que está disponible en el momento y acorde a aquello para lo que su hijo califica.

Después de realizar el examen ASVAB y convenir con el reclutador en qué se va a inscribir su hijo, los siguientes pasos son el examen físico y el alistamiento. El reclutador recogerá a su hijo el día acordado y lo llevará al MEPS. Cuando su hijo apruebe el examen físico y preste juramento para alistarse en las fuerzas armadas, el reclutador lo recogerá para finalizar el papeleo de alistamiento y acordar una fecha de envío al campo de entrenamiento. Su hijo debe saber exactamente qué programa, duración del alistamiento y bonificaciones (si las hubiera) se le otorgaron antes de partir al campo de entrenamiento. Creo que el compromiso de servir a nuestro país por parte de los jóvenes debe venir acompañado del compromiso de su reclutador de proporcionarles un contrato honesto acordado por todas las partes involucradas.

Algunos aspirantes quieren alistarse en las fuerzas especiales de las fuerzas armadas, como los *Navy Seal* (Fuerzas de operaciones especiales de la Marina de los Estados Unidos), los *Marine Recon* (Unidades de fuerzas de operaciones especiales de ultra élite, que llevan a cabo operaciones complejas y altamente clasificadas), los *Army Rangers* (Regimiento de expertos en combate, que se especializan en realizar ataques en el territorio enemigo) o los *Green Berets* (Boinas verdes). Los aspirantes necesitan entender que estos campos requieren calificaciones y resultados de exámenes excepcionales. Un reclutador dará a su hijo información actualizada sobre lo que debe hacer para ganarse un puesto en un equipo de las fuerzas especiales.

Si su hijo está en el último año de la escuela secundaria, se lo enviará al campo de entrenamiento inmediatamente después de graduarse. Mientras tanto, estará en el programa de ingreso diferido. Si su hijo ya se graduó de la escuela secundaria, se lo enviará según las fechas de disponibilidad del reclutador.

Ahora que su hijo se ha alistado y está esperando el envío al campo de entrenamiento, es de vital importancia que comience a ponerse en buena forma física de inmediato. Pasar el examen médico en el MEPS significa que su hijo está autorizado para el servicio militar. Ahora debe comenzar a mejorar poco a poco su condición física y a hacer ejercicio de manera segura. Esto incluye aprender a beber agua. Sí, leyeron bien: aprender a beber agua. La mayoría de los jóvenes no beben agua o no beben lo suficiente y, en cambio, beben refrescos u otras bebidas. El reclutador le proporcionará al aspirante información relacionada con el campo de entrenamiento y lo que debe aprender antes de comenzar con el entrenamiento. Algunos aspirantes tendrán que esperar dos meses, mientras que otros pueden tener que esperar diez meses. La cantidad máxima de tiempo que un aspirante puede estar en el programa de ingreso diferido es un año.

Con la tecnología actual, los padres tienen fácil acceso al reclutador de sus hijos para hacer preguntas y resolver cualquier inquietud. En mi opinión, no importa si su hijo tiene diecisiete o veintiocho años. Siempre será su hijo.

Como reclutador, siempre intenté asegurarme de que los padres de todos mis aspirantes estuvieran informados y participaran en el alistamiento de sus hijos. Quería asegurarme de que entendieran tanto el proceso como lo que sus hijos estaban firmando.

Padres, quiero dejarles esto. Al graduarse de la escuela secundaria, su hijo tiene tres opciones: continuar con estudios superiores, unirse a la fuerza laboral o unirse a las fuerzas armadas. Escúchenlo y ofrézcanle liderazgo y orientación. Vivimos en tiempos difíciles y la decisión que tomen los afectará por el resto de sus vidas. Sinceramente, les deseo a todos lo mejor.

CAPÍTULO 3

MOTIVACIONES PARA ALISTARSE EN LAS FUERZAS ARMADAS

La primera pregunta que debes responder es: ¿por qué quieres alistarte en las fuerzas armadas? A lo largo de los años he aprendido que personas de todas las profesiones y condiciones sociales se alistan por diferentes razones. Y la mayoría de las veces, la razón para hacerlo evoluciona. Puede que al principio te alistes en las fuerzas armadas por una razón y luego lo vuelvas a hacer por otra razón completamente distinta.

He conocido a muchos infantes de marina que se alistaron una vez y luego se dedicaron a otras ocupaciones. Algunos ahorran dinero y asisten a la universidad tanto como pueden antes de proceder a alistarse. Algunos pierden tiempo durante su único alistamiento y se quejan de todo y de todos, incluidos sus reclutadores. Llegan sin dinero y se van sin dinero y sin nada que mostrar de su único alistamiento, pero no es su culpa; es culpa de todos los demás. Dije que diría la verdad en este libro, y sí, conocí a personas que se quejaban todo el tiempo y aun así se volvieron a alistar. Por favor, no me preguntes por qué permanecían; en ese momento no había servicio militar obligatorio en nuestro país.

Me uní a las fuerzas armadas porque era el mayor de seis hermanos y quería hacer algo desafiante apenas terminara la escuela secundaria, quería ser el líder de la manada, por así decirlo. Aunque creo que, inconscientemente, tampoco me gustaba ser una carga financiera para mi madre, que nos estaba criando sola. A medida que pasaba el tiempo, entre nuevos viajes y viviendo en el extranjero, pude disfrutar realmente de la vida y me volví a alistar después de cada contrato. La mayoría de mis contratos de alistamiento eran por cuatro años. Tuve un alistamiento de seis años que venía con una bonificación por volverme a alistar. Cuanto más tiempo permanecía en el Cuerpo de Marines, más entrenamiento y experiencias obtenía.

Después de completar diez años, recordé conversaciones que tuve con mi amigo y vecino en casa, el Sr. Parker, sobre el beneficio de la jubilación. En ese momento, decidí que mi compromiso iba para largo y me volví a alistar. Nadie más me ofrecía una jubilación con un mínimo de solo veinte años de trabajo.

Como joven hispano en 1979, no estaba preparado para asistir a la universidad. Nadie en mi familia ni en mi entorno escolar me habló nunca de la universidad. En aquel momento, las escuelas secundarias de nuestro país impartían formación profesional y nos preparaban para el mercado laboral. Yo estaba en el programa de electricidad de la escuela secundaria, por lo que, naturalmente, mi puntaje en conocimiento de electrónica (EL, por sus siglas en inglés) en el examen de aptitud profesional para las fuerzas armadas (ASVAB) fue alto.

Hoy, al igual que cuando estaba terminando la escuela secundaria, los jóvenes tienen una de tres opciones: pueden incorporarse a la fuerza laboral, alistarse en las fuerzas armadas o ir a la universidad. No me veía asistiendo a la universidad sin dinero y sin una idea real de lo que la universidad podría hacer por mí, y sabía que la fuerza laboral no me iba a contratar con solo un diploma de secundaria y un poco de capacitación, pero sin experiencia.

A mediados de mi undécimo año, mi familia se mudó de Brooklyn, Nueva York a Trenton, Nueva Jersey. En mi nuevo vecindario conocí al Sr. Parker. Un día le pregunté por qué no trabajaba. Lo había estado observando y me había dado cuenta de que todos los demás iban a la escuela o al trabajo. Sin embargo, el Sr. Parker siempre estaba en casa, haciendo algunas tareas de mantenimiento a sus autos. Me explicó que se había jubilado del ejército. A los diecisiete años, naturalmente sentía curiosidad por la jubilación y cómo llegar a jubilarme. El Sr. Parker y yo nos hicimos buenos amigos, y me contó todo sobre sus experiencias en el ejército, excepto Vietnam; no tocamos el tema. Pronto me di cuenta de que era un tema del que no quería hablar. Con el paso de los años, el señor Parker se convirtió en uno de mis ejemplos a seguir; era alguien con quien podía hablar y alguien que podía escucharme. En un rincón de mi cabeza albergaba esa idea de la jubilación anticipada; me interesaba.

Cuando mi amigo y compañero de la escuela secundaria me contó que se había alistado en el Cuerpo de Marines, me interesé un poco. Me presentó a su reclutador y vi un video del campo de entrenamiento y aprendí sobre los desafíos de la vida en el Cuerpo de Marines. Me gustó la idea de un desafío y viajar a lugares en los que nunca había estado. Me alisté en el programa Z4 Mecánica-Eléctrica en ese momento. Y mi amigo recibió una promoción al graduarse del campo de entrenamiento por recomendar a personas que se alistaron, y yo era una de ellas. Sabía esto, y me gustó la idea de que mi alistamiento ayudaría a mi amigo.

Te diré la verdad: la vida militar no es para todos. Las fuerzas armadas, independientemente de la rama, es una carrera que realmente deberías analizar detenidamente antes de dedicarte a ella.

Habla con personas que hayan servido en las fuerzas armadas. Los amigos y familiares serán sinceros contigo sobre sus experiencias personales. Aprende todo lo que puedas y toma notas. Algunas personas se sienten motivadas a unirse a las fuerzas armadas y otras se disuaden de hacerlo por diversas razones. No hay dos personas que tengan exactamente la misma experiencia militar. Lo que puede motivarte a permanecer en las fuerzas armadas puede muy bien convencer a otro individuo de que las fuerzas armadas no son para él.

Escribí una breve nota a algunos amigos y familiares y les pedí que respondieran algunas preguntas sobre su experiencia militar. Las incluyo aquí para que puedas leer por ti mismo cuán diferentes son las respuestas de cada uno.

Esta es la nota que les envié:

> Estoy escribiendo un libro sobre el reclutamiento militar y el proceso tanto para los aspirantes como para sus padres. Mientras escribía el libro, relaté cómo decidí unirme a las fuerzas armadas y cómo esa decisión evolucionó a medida que continuaba el proceso de alistamiento. Pensé que sería una buena idea incluir algunos testimonios de amigos y familiares que también sirvieron en las fuerzas armadas. Aquí hay algunas preguntas que les pido que respondan para ayudarme en esta tarea. Gracias.

Walter E. Chancay Jr., Infantería de Marina de los Estados Unidos

a. ¿Cómo se te ocurrió la idea de alistarte en las fuerzas armadas?

Mi infancia y adolescencia fueron una época angustiante, principalmente porque crecí en un hogar monoparental y mi madre era la única que sostenía a nuestra familia. Ciertamente, puedo explicar cómo todos los desafíos que enfrenté durante las primeras etapas de mi desarrollo humano fueron la fuerza que impulsó mi decisión más adelante en la vida, pero reduciré las razones a las dificultades de vivir en la pobreza y los recursos limitados para satisfacer las necesidades humanas básicas.

Cuando estaba en el último año de la escuela secundaria, mi familia ya se había mudado un total de ocho veces, lo que provocaba mucha inestabilidad e inseguridad en mi vida. No tenía mucha confianza en mí mismo, principalmente porque carecía del apoyo paterno y, en cierto modo, materno. Desde un punto de vista académico, no me iba muy bien en la escuela; de hecho, cuando me estaba matriculando en mi cuarta escuela secundaria, me enteré de que no me graduaría a tiempo y que la única forma de poder ir a la par con mi clase de graduación era si asistía a la escuela diurna y nocturna durante todo el año. Por primera vez en mi vida me sentí fracasado y realmente me preocupé por lo que eso significaría. Decidí aceptar el desafío de ir a la escuela diurna y nocturna para graduarme a tiempo. Hacia el final de mi primer semestre como estudiante de último año, me estaba yendo bien tanto en la escuela diurna como en la nocturna, y comencé a experimentar una sensación de logro. Sentí que podía seguir haciendo todo lo que necesitaba para graduarme a tiempo, pero comencé a desarrollar temor por lo que vendría después. Me preguntaba qué haría con mi vida después de terminar la escuela secundaria. En el fondo, sabía que quería algo más para mí y mi familia. Sabía que, económicamente, mi madre no podía pagarme los estudios universitarios y que mis calificaciones no me permitían calificar para algún tipo de beca; mis opciones eran limitadas.

Un día, mientras veía un partido de la NBA por televisión, vi un anuncio de los *Navy Seals* que me llamó la atención. Busqué a un reclutador de la Marina en mi escuela secundaria y quedé en verme con él en la biblioteca durante la hora del almuerzo. Mi primera impresión del reclutador no fue la que esperaba ni la que comunicaba el anuncio, lo que redujo por completo mi nivel de interés. Sin mencionar que el reclutador nunca se puso en contacto conmigo como dijo que lo haría. Por un momento, mi idea de averiguar más información sobre la Marina se desvaneció. Esa misma semana, un compañero de clase se enteró de mi interés en la Marina y me preguntó si alguna vez había pensado en la Infantería de Marina como una opción. Mi respuesta fue que no. Me preguntó si me gustaría reunirme con su reclutador para obtener más información y le dije que no tenía transporte para ir y volver a casa. Si él estaba dispuesto a llevarme a ver a su reclutador y luego llevarme de regreso a casa, yo estaría dispuesto a ir al centro de reclutamiento. Acordamos una fecha y fuimos.

Mi primera impresión del reclutador de la Infantería de Marina fue excelente. No solo su uniforme era impecable y estaba perfectamente planchado, el hombre parecía un luchador de la WWF [Organización de lucha libre estadounidense], y además de todo eso, lo primero que me preguntó fue: "¿Qué te hace pensar que tienes lo que hay que tener para ser un Infante de Marina?". ¡Vaya!

Reto aceptado. Yo era un joven de Brooklyn, Nueva York, con una gran carga emocional, así que sí, ¿por qué no? Ese día tomé la decisión de que lo que buscaba en la vida era un desafío, un sentimiento de pertenecer a una familia, ser parte de algo que era más grande que mis propias inseguridades. Todo salió a la luz ese día.

b. ¿Qué fue lo más difícil que tuviste que enfrentar durante tu primer alistamiento y por qué?

Lo más difícil que tuve que enfrentar durante mi primer alistamiento fue crecer. Tenía literalmente diecisiete años los primeros seis meses de mi carrera en el Cuerpo de Marines, pero ahora disponía de más dinero del que había tenido en toda mi vida. Después de dejar el campo de entrenamiento, sentí que estaba listo para el próximo desafío y ansiaba en silencio la oportunidad de ser distinguido porque había perdido la oportunidad durante el campo de entrenamiento. La siguiente parada fue el entrenamiento de combate de marines (MCT, por sus siglas en inglés). Me destaqué y, por primera vez, comencé a desarrollar más confianza en mi verdadero potencial porque estaba rodeado de personas que creían en mí y me brindaban orientación sobre cómo ser mejor. Al dejar el MCT, me ascendieron por méritos propios, ¡y qué bien me sentí!

Mi caída. Durante la guardia del campamento en Camp Lejeune, Carolina del Norte, me asignaron un puesto a la 1:00 a.m.; sin embargo, debido a una falta de juicio de mi parte, decidí salir e ir a la ciudad con mis amigos a pesar de que tenía órdenes directas de permanecer en la base. En cambio, salí de la base. Mi decisión hizo que no estuviera en mi lugar de servicio designado cuando debía estar allí, y posteriormente hizo que mis líderes cuestionaran mi juicio. Debido a que me habían ascendido por méritos durante el MCT, mis líderes decidieron que me darían una segunda oportunidad para demostrar mi valía. Nunca olvidaré a mis suboficiales que creyeron en mí incluso después de haberles fallado. Sin duda, podrían haber manejado la situación de otra manera y haber dejado una mancha permanente en mi joven carrera que, al final, habría afectado las posibilidades de volver a alistarme.

c. ¿Qué te resultó más fácil durante tu primer alistamiento y por qué?

Yo diría que lo que me resultó más fácil fue estar lejos de mi familia, especialmente de mi madre, ya que hasta ese momento siempre habíamos estado juntos. Mi primer destino fue Cherry Point, Carolina del Norte, que estaba a sólo diez horas al sur de mi estado natal. Durante mi primer alistamiento hice muchos viajes por carretera a Nueva York para visitar a mi familia, lo que facilitó mucho la transición de la vida civil a la militar.

d. Si hoy conocieras a un joven que estuviera interesado en unirse a las fuerzas armadas de los Estados Unidos y tuvieras unos minutos de su atención, ¿qué recomendaciones o consejos sabios le darías?

Una preparación adecuada evita un mal desempeño. Investiga todo lo que puedas para asegurarte de que estás tomando una decisión bien informada y fundamentada, consulta tu decisión con tu familia y tus seres queridos, pero toma la decisión final sobre la base de lo que es importante para ti y sólo para ti. Ten en cuenta cuáles son tus objetivos a corto, mediano y largo plazo, y determina si el servicio al que estás considerando unirte tiene valores organizativos que estén en consonancia con tu deseada finalidad. Colócate en una posición en la que tengas más opciones, especialmente en lo que respecta a las diferentes especialidades ocupacionales que ofrecen las fuerzas armadas. Piensa en la vida después del servicio militar, y considera si la destreza que aprenderás en el servicio te hará competitivo y comercializable en una nación que continúa desarrollándose. Las destrezas y características intangibles que se te inculcarán durante tu tiempo de servicio te serán de gran utilidad, sin embargo, aun así necesitas una destreza u oficio laboral que tenga demanda si deseas seguir trabajando.

e. ¿Cuánto tiempo serviste en las fuerzas armadas y en qué rama?

Veinte años en el Cuerpo de Marines de los Estados Unidos.

f. Si volvieras a empezar, ¿hay algo que harías diferente en el tiempo que serviste en las fuerzas armadas, si es que lo hay?

Aprovecharía los diferentes beneficios que están disponibles para todos los militares en servicio activo. Por ejemplo, utilizaría el programa de asistencia para el pago de estudios a fin de cursar estudios postsecundarios y luego consideraría el programa de nombramiento como oficial.

Invertiría en el *Thrift Savings Plan* [plan de ahorro para el retiro] desde el momento en que fuera elegible, hasta jubilarme.

Me inscribiría en el programa de pasantía para recibir certificaciones en recursos humanos y asesoramiento.

En primer lugar, sería un instructor militar y luego regresaría a la Flota de Infantería de Marina; en segundo lugar, sería un reclutador; y en último lugar, me convertiría en un *8412 career recruiter* [reclutador de cargo superior].

g. ¿A qué te dedicas ahora?

Estoy terminando mi maestría en Administración de Empresas, con énfasis en Marketing.

h. ¿En qué ciudad resides?

Vivo en Temecula, CA, que está a una hora al norte de San Diego y a una hora y media al sur de Los Ángeles.

Miguel:

Gracias por permitirme contarte un poco de mi historia de vida para tu libro. Espero leerlo en el futuro.

Tu amigo,
Walter E. Chancay Jr. (Junior)

Eduardo Santos, Infantería de Marina de los Estados Unidos

a. ¿Cómo se te ocurrió la idea de alistarte en las fuerzas armadas?

Hice el examen ASVAB durante mi tercer año en la escuela secundaria. Un par de semanas después, mi reclutador (Nieves) se puso en contacto conmigo. En ese momento de mi vida, solo había vivido en los Estados Unidos durante aproximadamente cinco años, y no sabía que las fuerzas armadas eran una opción para mí. No tenía muchas aspiraciones después de la escuela secundaria; solo seguía la corriente de los mediocres. Nieves me presentó la idea de convertirme en un infante de marina de los Estados Unidos. Me habló de los beneficios sin caer en exageraciones y me habló con franqueza de las dificultades. Admito que al principio dudé en alistarme debido a las ideas equivocadas de mis compañeros (y las mías) sobre las fuerzas armadas. Sin embargo, Nieves logró establecer una relación de confianza conmigo y, lo que es más importante, con mi madre; logró obtener su bendición y partí hacia la famosa Parris Island.

La decisión de unirme al Cuerpo de Marines fue el catalizador de mi éxito profesional y personal. El Cuerpo de Marines tiene un historial de conversión de jóvenes mediocres (como yo) en individuos honorables, valientes, disciplinados y de voluntad firme. Las cualidades que el Cuerpo de Marines inculcó profundamente en mí han sido el ancla que me ha permitido disfrutar de una larga y exitosa carrera como agente especial en el servicio exterior de los Estados Unidos.

b. ¿Qué fue lo más difícil que tuviste que enfrentar durante tu primer alistamiento y por qué?

Las primeras cuatro semanas del campo de entrenamiento. Durante ese tiempo, me estaba adaptando a la transición de mi cómoda vida como estudiante de secundaria a la impactante realidad del campo de entrenamiento del Cuerpo de Marines. Fue una píldora difícil de tragar incluso para los chicos más duros de mi pelotón. Sin embargo, después de aceptar mi realidad, el resto del campo de entrenamiento fue fácil y, de hecho, bastante divertido.

c. ¿Qué te resultó más fácil durante tu primer alistamiento y por qué?

Para mí, lo más fácil fue la vida diaria en mi unidad. Una vez que completé todo mi entrenamiento, me asignaron a mi unidad, y cuando ya no me consideraban, como les encanta decir a los marines, "el maldito nuevo" (FNG, por sus siglas en inglés), descubrí que la vida diaria como marine no era nada mala. Trabajaba de nueve a cinco con un excelente grupo de colegas. Después del trabajo, éramos libres de hacer lo que quisiéramos. Tuve la suerte de que me destinaran a Hawái. Teníamos una playa en la base, muchos gimnasios, piscinas y toda la comida que puedas comer (gratis) en la cafetería. Además, varias universidades habían establecido oficinas satélites en la base y ofrecían clases universitarias por las noches. El Cuerpo de Marines pagó el cien por ciento de mi matrícula universitaria mientras estuve en servicio activo, y pude terminar la mayor parte de mi licenciatura durante mi alistamiento.

d. Si hoy conocieras a un joven que estuviera interesado en unirse a las fuerzas armadas de los Estados Unidos y tuvieras unos minutos de su atención, ¿qué recomendaciones o consejos sabios le darías?

Joven, estos son los beneficios que obtienes cuando te unes a las fuerzas armadas:

Entrenamiento físico y técnico de primera clase, un trabajo, un salario decente, vivienda gratuita, comida gratis, universidad gratis, viajes gratis, atención médica gratuita, gimnasios gratis, acceso a bases militares en todo el mundo, una cuenta de jubilación de primera categoría y la preferencia de los veteranos en los empleos del gobierno federal. Todos estos son grandes beneficios que ninguna otra entidad o empresa privada que yo conozca ofrece a un joven recién egresado de la escuela secundaria. Sin embargo, para mí, los beneficios más importantes que ofrecen las fuerzas armadas son los intangibles, que solo se pueden obtener al experimentar, aceptar y superar el sufrimiento físico y mental. Los intangibles, como la fortaleza mental, la capacidad de lidiar con el estrés, la confianza en uno mismo, el coraje y muchos más son la base de una vida exitosa y gratificante.

e. ¿Cuánto tiempo serviste en las fuerzas armadas y en qué rama?

Cuatro años en el Cuerpo de Marines de los Estados Unidos.

f. Si volvieras a empezar, ¿hay algo que harías diferente en el tiempo que serviste en las fuerzas armadas, si es que lo hay?

No haría nada diferente. Cometí muchos errores, pero las lecciones que aprendí de esos errores me permitieron crecer como marine y como ser humano.

g. ¿A qué te dedicas ahora?

Soy agente especial (criminalista) del gobierno federal de los Estados Unidos.

h. ¿En qué ciudad resides?

Actualmente, trabajo en el extranjero, en Pretoria (Sudáfrica).

Juan Pinzón, Infantería de Marina de los Estados Unidos

a. ¿Cómo se te ocurrió la idea de alistarte en las fuerzas armadas?

Hasta el día de hoy, todavía no recuerdo por qué me interesé en la Infantería de Marina. No tengo antecedentes militares en mi familia y no conocía a ningún miembro del servicio activo en ese momento. Solo sabía que los marines están considerados como la mejor rama, la más dura, y eso fue lo que decidí investigar.

b. ¿Qué fue lo más difícil que tuviste que enfrentar durante tu primer alistamiento y por qué?

Yo diría que lo más difícil fue la gran curva de aprendizaje a la que tuve que acostumbrarme durante mis primeros años. El Cuerpo de Marines te entrena bien y te selecciona para ser un líder, pero hay muchos factores que a menudo dependen de la situación. No tenía ningún familiar en las fuerzas armadas y no pasé por ningún tipo de programa del cuerpo de entrenamiento de oficiales de la reserva naval (NROTC, por sus siglas en inglés), por lo que la escuela de candidatos a oficiales (OCS, por sus siglas en inglés) y la escuela básica (TBS, por sus siglas en inglés) fueron mi primera experiencia en las fuerzas armadas. Tuve que adaptarme rápidamente y aprender todos los días, todo, incluidos, entre otros, los procesos administrativos, la terminología, la jerarquía de mando, los procedimientos operativos estándar, las responsabilidades en el acuartelamiento y las relaciones con el personal. Incluso hoy día sigo aprendiendo y sé que cada acuartelamiento, mando y ubicación es diferente.

c. ¿Qué te resultó más fácil durante tu primer alistamiento y por qué?

La escuela básica (TBS) fue una de las circunstancias que me resultaron más fáciles. Fueron seis meses largos y duros con numerosas pruebas físicas y mentales, lesiones, noches largas y mucho que aprender. Sin embargo, fue fácil por las personas de las que me rodeé, que me apoyaron durante esos seis meses y que siguen siendo grandes amigos hasta el día de hoy. La TBS te hace pasar por momentos estresantes y varias circunstancias con las mismas personas durante seis meses. Identifiqué muy rápidamente a las personas a mi alrededor que tenían una mentalidad similar y que eran optimistas y desinteresadas. Rodearme de personas así hizo que la TBS fuera fácil para todos nosotros; nos divertíamos durante los momentos difíciles y nos motivábamos unos a otros a superarnos. Siempre he creído que el hecho de que disfrute de un trabajo o una circunstancia tiene poco que ver con el lugar o el trabajo en sí. Más bien, está determinado por el entorno laboral y las personas con las que interactúo todos los días, ya sean mis compañeros, mi jefe o mis subordinados marines. Son las personas las que hacen que cada día sea agradable y me enseñan algo nuevo día a día.

d. Si hoy conocieras a un joven que estuviera interesado en unirse a las fuerzas armadas de los Estados Unidos y tuvieras unos minutos de su atención, ¿qué recomendaciones o consejos sabios le darías?

Le diría que, independientemente de lo que decida hacer o aquello para lo que califique en las fuerzas armadas, tendrá numerosas oportunidades de crecer. Las fuerzas armadas te harán una mejor persona y te inculcarán autodisciplina y confianza. A través de las fuerzas armadas, él/ella tendrá la oportunidad de ver y experimentar muchas cosas extraordinarias, aprender y mejorar. Las fuerzas armadas tienen todas estas opciones y oportunidades, pero depende de cada individuo tener las ganas, el impulso y la iniciativa para superarse y buscar tales oportunidades. A través de las fuerzas armadas, es probable que viajes a diversos lugares y conozcas a personas de todo el mundo y de diferentes orígenes culturales, por lo que es importante mantener una mente abierta. Le diría que las fuerzas armadas tienen muchas recompensas y experiencias de vida, ya sea que lo haga durante cuatro años o veinte. Lo más importante, le diría que sea humilde y respete a los demás, independientemente del rango o la experiencia, ya que las relaciones humanas son muy importantes tanto si eres militar como si eres civil.

e. ¿Cuánto tiempo serviste en las fuerzas armadas y en qué rama?

Estuve seis años en servicio activo en la Infantería de Marina.

f. Si volvieras a empezar, ¿hay algo que harías diferente en el tiempo que serviste en las fuerzas armadas, si es que lo hay?

Estoy contento con la situación actual de mi carrera. Hay cosas que he aprendido y cambios que he hecho en mi vida, que desearía haberlos hecho antes. La disciplina y el deseo constante de superación personal que tengo ahora me hubieran abierto muchas puertas y me hubieran convertido en una mejor persona y un mejor infante de marina si hubiera tenido estas cualidades cuando estaba en la escuela secundaria y la universidad. Eso no quiere decir que no estuviera motivado o no fuera disciplinado en ese entonces, pero definitivamente soy una persona diferente y tengo una mentalidad distinta a la que tenía en ese entonces. No puedo cambiar el pasado, pero puedo contar lo que he aprendido e inculcar esas cualidades a mis marines, mis compañeros, mis hijos y a todas las personas que conozco.

g. ¿A qué te dedicas ahora?

Estoy en el servicio activo de las fuerzas armadas y acabo

de realizar un cambio permanente de estación (PCS, por sus siglas en inglés) por tercera vez.

h. ¿En qué ciudad resides?

Vivo a bordo de la base del Cuerpo de Marines de Hawái.

Arthur Frederickson, Marina de los Estados Unidos

a. ¿Cómo se te ocurrió la idea de alistarte en las fuerzas armadas?

En mi país las buenas oportunidades de empleo eran escasas y no tenía dinero para la universidad. Las fuerzas armadas era una excelente posibilidad.

b. ¿Qué fue lo más difícil que tuviste que enfrentar durante tu primer alistamiento y por qué?

Estar lejos de casa por primera vez solo. Dejar atrás todo y a todos los que conocía.

c. ¿Qué te resultó más fácil durante tu primer alistamiento y por qué?

Estar en el mar. Me encanta el océano. Además, la rutina básica es la misma todos los días.

d. Si hoy conocieras a un joven que estuviera interesado en unirse a las fuerzas armadas de los Estados Unidos y tuvieras unos minutos de su atención, ¿qué recomendaciones o consejos sabios le darías?

Evalúa todas tus opciones. La vida militar no es para todos. Intenta elegir la rama y el trabajo que te ayuden a formarte para la carrera que quieres seguir cuando te retires, ya sea después de tu primer alistamiento o después de más de veinte años.

e. ¿Cuánto tiempo serviste en las fuerzas armadas y en qué rama?

Marina de los Estados Unidos, veintitrés años.

f. Si volvieras a empezar, ¿hay algo que harías diferente en el tiempo que serviste en las fuerzas armadas, si es que lo hay?

Obtener un título universitario por medio de la ley denominada GI Bill [ley para la educación de los veteranos].

g. ¿A qué te dedicas ahora?

Cartero del Servicio Postal de los Estados Unidos.

h. ¿En qué ciudad resides?

Sur de Florida.

Juan Dabdub, Infantería de Marina de los Estados Unidos

a. ¿Cómo se te ocurrió la idea de alistarte en las fuerzas armadas?

Bueno, desde antes de siquiera pensar en venir a este país,

siempre oí hablar de cualquiera de las ramas militares menos la de la Infantería de Marina, y no sé por qué. Soy el primero en toda mi familia que se une a las fuerzas armadas, ya que mi familia siempre ha estado en contra porque provengo de un país comunista, Nicaragua. Mi primera opción era la Marina, así que concerté una cita con el reclutador, pero nunca apareció ni llamó, así que le dije que no quería saber nada más de él. El mismo día me llamó el reclutador de los marines, concerté una cita con él para el día siguiente y se presentó, así que decidí ir con ellos. Siempre me ha gustado la gente responsable y de fiar, porque así me educaron mis padres, especialmente mi padre. No obstante, pensé ante todo en las fuerzas armadas porque sabía que no era bueno para la universidad.

b. ¿Qué fue lo más difícil que tuviste que enfrentar durante tu primer alistamiento y por qué?

Sólo hice un período de cuatro años, pero si tuviera que elegir una cosa con la que tuve que lidiar cuando era un infante de marina fue con lo organizados y estrictos que eran; en general, son diferentes a las otras ramas.

c. ¿Qué te resultó más fácil durante tu primer alistamiento y por qué?

Nada es fácil en la vida, pero para mí fue el aspecto de la disciplina, ya que mi padre, aunque no le gusten las fuerzas armadas, nos educó con ese estilo de regimiento y, a su manera, nos enseñó a ser respetuosos, responsables y organizados. Así que gracias a él mi vida fue más fácil en las fuerzas armadas.

d. Si hoy conocieras a un joven que estuviera interesado en unirse a las fuerzas armadas de los Estados Unidos y tuvieras unos minutos de su atención, ¿qué recomendaciones o consejos sabios le darías?

Le diría que se asegure de que eso es lo que quiere, porque las fuerzas armadas pueden ser lo mejor, pero también pueden ser su peor pesadilla si ingresa por las razones equivocadas. Además, le recomendaría que al menos se graduara de la universidad y se alistara como oficial. No es que sea malo ingresar como un alistado, pero todos sabemos que como oficial la vida es más fácil, especialmente en lo que respecta al dinero.

e. ¿Cuánto tiempo serviste en las fuerzas armadas y en qué rama?

Serví desde julio de 1998 hasta julio de 2002. Cuerpo de Infantería de Marina de los Estados Unidos.

f. Si volvieras a empezar, ¿hay algo que harías diferente en el tiempo que serviste en las fuerzas armadas, si es que lo hay?

Lo único que haría diferente sería permanecer en las fuerzas armadas y hacer carrera allí, pero una mala respuesta de mi planificador de carrera y una mala elección de mi parte me hicieron apartarme de las fuerzas armadas, pero realmente me encantaba todo.

g. ¿A qué te dedicas ahora?

Desde que dejé el servicio, he sido transportista local. Actualmente, sigo siendo transportista y trabajo para el Servicio Postal de los Estados Unidos desde octubre de 2017.

h. ¿En qué ciudad resides?

Miramar, Florida.

Rollie Anderson, Marina de los Estados Unidos

a. ¿Cómo se te ocurrió la idea de alistarte en las fuerzas armadas?

Cuando aún estaba en la escuela secundaria, sabía que mis padres no podían pagarme estudios superiores. Entonces, decidí unirme a la Marina de los Estados Unidos. Al principio firmé un contrato de cuatro años y, veinticuatro años después, el resto es historia. Puedo decir sinceramente que fue la mejor decisión que tomé en mi vida. Las fuerzas armadas me ayudaron a crecer de un modo que sé que cualquier educación universitaria de aquella época no lo habría hecho. Me convirtió en el hombre que soy hoy. ¡Y sí, incluso después de servir veinticuatro años en la Marina, pude obtener mi título universitario!

b. ¿Qué fue lo más difícil que tuviste que enfrentar durante tu primer alistamiento y por qué?

Mi primer alistamiento me resultó muy difícil debido a los despliegues y la necesidad de aclimatarme al estilo de vida militar. Sí, el campamento de entrenamiento te da las nociones básicas para estar en las fuerzas armadas, pero una vez que un joven llega por fin a su primer destino y empieza a enfrentarse a los rigores cotidianos de la cultura militar es otra historia. Para ser sincero, pensé que iba a sufrir un colapso nervioso. Después de mis tres primeros años, llegué a comprender la forma de vida militar y, con el paso de los años, fui capaz de reconocer eso en todos los jóvenes militares con los que me encontraba, y pude guiarlos a través de esa primera transición del alistamiento. Supongo que todos pasamos por eso.

c. ¿Qué te resultó más fácil durante tu primer alistamiento y por qué?

Trabajar duro y ser un buen seguidor. No tuve problemas para seguir las órdenes y estar atento a la instrucción o el entrenamiento. El trabajo duro y la dedicación al trabajo me ayudaron a superar los momentos difíciles durante mi primer alistamiento.

d. Si hoy conocieras a un joven que estuviera interesado en unirse a las fuerzas armadas de los Estados Unidos y tuvieras unos minutos de su atención, ¿qué recomendaciones o consejos sabios le darías?

Le diría que es una de las mejores organizaciones de las que se puede formar parte. Te ayudará a ver quién eres realmente como persona. Para ser sincero, las fuerzas armadas no son para todo el mundo, pero la organización ha hecho maravillas por millones de hombres y mujeres jóvenes que han tenido la gran fortuna de servir en las Fuerzas Armadas de los Estados Unidos.

e. ¿Cuánto tiempo serviste en las fuerzas armadas y en qué rama?

Serví veinticuatro años en la Marina.

f. Si volvieras a empezar, ¿hay algo que harías diferente en el tiempo que serviste en las fuerzas armadas, si es que lo hay?

No haría nada diferente. Disfruté de mi tiempo en el servicio; no hay nada igual en el mundo. Conocí personas, culturas y países que nunca hubiera conocido si no me hubiera alistado en las fuerzas armadas. El tema principal de mi retiro fue cómo la Marina de los Estados Unidos me ayudó a convertirme en un hombre, y durante mi servicio espero haber hecho lo suficiente para que las fuerzas armadas sean una organización tan fuerte como cuando me alisté inicialmente, haciendo lo correcto y capacitando a las personas que conocí para que continúen con una gran tradición.

g. ¿A qué te dedicas ahora?

Trabajo para el Servicio Postal de los Estados Unidos.

h. ¿En qué ciudad resides?

Coral Springs, Florida.

Edwin López, Marina de los Estados Unidos

a. ¿Cómo se te ocurrió alistarse en las fuerzas armadas?

Me alisté en las fuerzas armadas para aprovechar los beneficios que la ley, conocida como GI Bill, ofrecía en ese momento.

b. ¿Qué fue lo más difícil que tuviste que enfrentar durante tu primer alistamiento y por qué?

El aspecto de entrenamiento físico básico fue lo más difícil. ¿Por qué? Porque no estaba en forma cuando llegué, pero seguí adelante y lo superé. Además, estar lejos de casa (en aquel momento, el entorno sumamente tranquilo del oeste de Puerto Rico) durante un periodo prolongado por primera vez fue bastante difícil.

c. ¿Qué te resultó más fácil durante tu primer alistamiento y por qué?

Viajar a lugares como el Mediterráneo, lugares que de no haber estado en las fuerzas armadas no habría tenido la oportunidad de visitar, resultó ser realmente agradable, en especial cuando se comparte con nuevos amigos.

d. Si hoy conocieras a un joven que estuviera interesado en unirse a las fuerzas armadas de los Estados Unidos y tuvieras unos minutos de su atención, ¿qué recomendaciones o consejos sabios le darías?

Le diría: ¡Asegúrate de ponerte en forma ANTES de ingresar al entrenamiento básico! Definitivamente, lo animaría a considerar la posibilidad de seguir una carrera, ya que la jubilación temprana que se permite en las fuerzas armadas deja mucho tiempo para ir a la universidad y embarcarse en una segunda carrera más lucrativa.

e. ¿Cuánto tiempo serviste en las fuerzas armadas y en qué rama?

Serví cuatro años en la Marina de los Estados Unidos.

f. Si volvieras a empezar, ¿hay algo que harías diferente en el tiempo que serviste en las fuerzas armadas, si es que lo hay?

Me hubiera gustado servir como oficial comisionado.

g. ¿A qué te dedicas ahora?

Trabajo para el Servicio Postal de los Estados Unidos.

h. ¿En qué ciudad resides?

Sunrise, Florida.

Mario A. Larin, Infantería de Marina de los Estados Unidos

a. ¿Cómo se te ocurrió la idea de alistarte en las fuerzas armadas?

Cuando era muy joven, veía los anuncios del Cuerpo de Marines de los Estados Unidos en la televisión y le decía a mi madre que algún día sería uno de ellos. Después de terminar la escuela secundaria, en 2007, la idea que había tenido cuando era muy joven al ver esos anuncios se hizo realidad. Me alisté en el Cuerpo de Marines de los Estados Unidos.

b. ¿Qué fue lo más difícil que tuviste que enfrentar durante tu primer alistamiento y por qué?

Diría que lo más difícil fue el traslado al campo de entrenamiento, la instrucción de combate, la escuela MOS y el primer destino. No estaba acostumbrado a tantos traslados.

c. ¿Qué te resultó más fácil durante tu primer alistamiento y por qué?

Lo más fácil fue adaptarme a mi primer destino. Los marines de la unidad me hicieron sentir bienvenido.

d. Si hoy conocieras a un joven que estuviera interesado en unirse a las fuerzas armadas de los Estados Unidos y tuvieras unos minutos de su atención, ¿qué recomendaciones o consejos sabios le darías?

Le diría que las fuerzas armadas no son para todos, y que lo haga por las razones correctas. Es muy exigente, pero sin importar a qué rama militar elija ingresar, la experiencia es como ninguna otra en la vida, y las personas que conocerá durante su tiempo en el servicio serán para siempre su familia.

e. ¿Cuánto tiempo serviste en las fuerzas armadas y en qué rama?

Serví durante diez años en el Cuerpo de Marines de los Estados Unidos.

f. Si volvieras a empezar, ¿hay algo que harías diferente en el tiempo que serviste en las fuerzas armadas, si es que lo hay?

Tomaría algunas decisiones diferentes.

g. ¿A qué te dedicas ahora?

Soy especialista en tecnología informática (IT, por sus siglas en inglés).

h. ¿En qué ciudad resides?

Miami, FL.

María S. Morales, Ejército de los Estados Unidos

a. ¿Cómo se te ocurrió alistarte en el ejército?

Tuve hijos muy pronto; no tenía claro qué camino quería seguir. Al final, me alisté en el ejército para encontrarme a mí misma.

b. ¿Qué fue lo más difícil que tuviste que enfrentar durante tu primer alistamiento y por qué?

Estar separada de mi familia durante largos periodos de tiempo. Me vi obligada a dejar a mi familia para poder mantenerla.

c. ¿Qué te resultó más fácil durante tu primer alistamiento y por qué?

Estar expuesta a una gran variedad de personas. Desde que era niña, había vivido entre personas con un tipo de mentalidad similar y en el ejército puedes conocer a personas con diferente cultura y educación.

d. Si hoy conocieras a un joven que estuviera interesado en unirse a las fuerzas armadas de los Estados Unidos y tuvieras unos minutos de su atención, ¿qué recomendaciones o consejos sabios le darías?

Continúa tu educación mientras sirves en las fuerzas armadas.

e. ¿Cuánto tiempo serviste en las fuerzas armadas y en qué rama?

Doce años en el Ejército.

f. Si volvieras a empezar, ¿hay algo que harías diferente en el tiempo que serviste en las fuerzas armadas, si es que lo hay?

Trataría de obtener al menos una licenciatura.

g. ¿A qué te dedicas ahora?

Transportista urbano para la Oficina Postal de los Estados Unidos.

h. ¿En qué ciudad resides?

Coral Springs, FL.

Orlando Andujar, Infantería de Marina de los Estados Unidos

a. ¿Cómo se te ocurrió alistarte en las fuerzas armadas?

Tenía diecisiete años en 1983 cuando perdimos a 241 infantes de marina en un atentado con bomba en Beirut,

Líbano. Por aquel entonces, recibía cartas de mi primo Miguel, que había sido destinado a Beirut y formaba parte del puñado de marines que sobrevivieron a aquel bombardeo. Cuando ocurrió aquello, yo quería alistarme en el Cuerpo de Marines, pero estaba en tercer año de la escuela secundaria y me quedaba un año para graduarme. Seguí manteniendo correspondencia con Miguel y, cuando volvió a casa de licencia, me ayudó a alistarme en el Cuerpo de Marines. Llegué al cuartel de reclutas de Parris Island, Carolina del Sur, al filo de la medianoche del 4 de julio de 1984.

b. ¿Qué fue lo más difícil que tuviste que enfrentar durante tu primer alistamiento y por qué?

Uno de mis momentos más difíciles en el Cuerpo de Marines fue la primera vez que conduje un Amtrak (transportador anfibio de tropas) de veintiséis toneladas por la costa de California hasta el Océano Pacífico. Me metí en el agua con la esperanza de no hundirme directamente en el océano. No hace falta decir que el Amtrak hizo su trabajo y, una vez que abrí la escotilla y conduje por el océano durante un rato, me di cuenta de que podía hacer ese trabajo. El regreso a tierra fue en ángulo, no en línea recta; tuve que conducir el Amtrak de vuelta a tierra con cuidado de que las olas no hicieran volcar el portaaviones.

c. ¿Qué te resultó más fácil durante tu primer alistamiento y por qué?

Una de las cosas que más fáciles me resultaron fue correr. Mi entrenamiento para la lucha libre y las carreras a campo traviesa en mi último año de escuela secundaria me ayudaron a ponerme en forma.

d. Si hoy conocieras a un joven que estuviera interesado en unirse a las fuerzas armadas de los Estados Unidos y tuvieras unos minutos de su atención, ¿qué recomendaciones o consejos sabios le darías?

Hoy día, le diría a un joven interesado en unirse a las fuerzas armadas que se tome las cosas día a día y que aprenda a seguir órdenes y no meterse en problemas en el servicio.

e. ¿Cuánto tiempo serviste en las fuerzas armadas y en qué rama?

Serví tres años en el Cuerpo de Marines.

f. Si volvieras a empezar, ¿hay algo que harías diferente en el tiempo que serviste en las fuerzas armadas, si es que lo hay?

Si volviera a empezar, probablemente intentaría ser oficial del Cuerpo de Marines.

g. ¿A qué te dedicas ahora?

Trabajo en el sector del reciclaje.

h. ¿En qué ciudad resides?

Resido en Morrisville, Pensilvania.

CAPÍTULO 4

LO POSITIVO

Liderazgo

Aprenderás a dirigir personas en un entorno profesional mientras adquieres nuevas habilidades de liderazgo. Son habilidades de un valor incalculable que te servirán durante el resto de tu vida. Es como tener un excelente don de gentes a un nivel exponencial. Piensa en ese jefe, profesor o familiar, esa persona a la que respetas por sus conocimientos, personalidad, gracia bajo presión y capacidad para motivarte a ti y a los demás. No lo confundas con esa persona que entretiene con chistes e historias divertidas. Me refiero a la persona que no toma decisiones por ti, sino que te da su opinión sincera y te enseña a pensar por ti mismo.

No puedes entrar en una tienda y decir: "Quiero una lata de liderazgo, por favor, la de tamaño grande". El liderazgo es algo que se aprende con el tiempo. Sin darte cuenta, mientras observas a otros liderar aprendes un poco de todos. Puede ser en el ámbito laboral, entre tus amistades o en casa con los miembros de tu familia. De todas esas personas aprendes algo y poco a poco te conviertes en un líder con tu propio estilo.

A medida que transcurra tu tiempo en las fuerzas armadas, aprenderás liderazgo a la vez que ascenderás de rango. En breve serás responsable de cumplir un trabajo (misión) con un pequeño grupo de personas a tu cargo. A medida que pase el tiempo, mejorarás tu capacidad para hablar en público y aprenderás a enfrentar los retos diarios. Tu grupo de subordinados y tus responsabilidades crecerán enormemente.

Estas habilidades de liderazgo seguirán creciendo y te proporcionarán otras oportunidades en las fuerzas armadas. Si un día decides terminar tu tiempo de alistamiento y pasar al ámbito civil, estarás altamente calificado para dirigir a personas hacia el éxito.

Aprenderás que, como veterano, estarás más calificado para ocupar puestos directivos en el ámbito civil, que tus homólogos no veteranos. Se reconocerá fácilmente tu capacidad para comunicarte con eficacia y motivar a un grupo de personas para que realicen un trabajo.

He aquí algunos ejemplos de cosas que he aprendido sobre liderazgo a lo largo de los años:

Aprendí mucho sobre liderazgo a través de la observación. Recuerdo que cuando era joven observé a un infante de marina mucho mayor, un sargento de artillería (E-7), que una mañana corría con nosotros en formación. Me di cuenta de que no se sentía bien. Parecía tener gripe o al menos un resfriado muy fuerte. Eran alrededor de las 5:00 a.m. Era una fría mañana en Carolina del Norte, y allí estaba él, dirigiéndonos en una carrera en formación de cuatro millas cantando todas esas canciones que se ven en las películas militares. Yo tenía diecinueve años y él unos cuarenta, pero nos dirigía sin decir que estaba enfermo. No se quejaba de las condiciones del clima. Decía que la lluvia fría era el sol del Cuerpo de Marines. Sonreía, corría y cantaba en cadencia todo el tiempo. Me di cuenta de que quería predicar con el ejemplo. Yo tampoco quería ser el que abandonara esa carrera.

La felicitación es una gran forma de liderazgo. Recuerdo que hace años, cuando llevaba unos dos años en el Cuerpo de Marines, hicimos una carrera de cinco millas de esfuerzo individual dentro del batallón. Quedé en primer lugar en el batallón. Recuerdo que el coronel me llamó a un lado y me preguntó mi nombre. Luego me dijo: "Marine, corres rápido, buen trabajo". Más tarde supe que me había estado pisando los talones todo el tiempo y que era conocido por ser un gran maratonista. Al mirar atrás, sé que podría haberme superado fácilmente si hubiera querido, pero él quería que *yo* tuviera éxito ese día.

Una vez, un marine llegó tarde al trabajo y lo llamaron para que fuera a ver al sargento. Cuando salió de la oficina todos le preguntaron qué había pasado en la oficina. Él se quedó callado y se puso a trabajar. Después llegó tarde un par de veces más y le pidieron que volviera a ver al sargento. Después de la tercera visita, supimos con certeza que estaba metido en serios problemas. Años más tarde, me encontré con este marine que ahora era sargento. Me dijo que el sargento de entonces no lo sancionaba oficialmente por sus retrasos, sino que lo ponía de guardia los fines de semana. Dijo que el sargento creía en él y no quería arruinar su carrera. El sargento tenía razón; años más tarde, este marine siguió ascendiendo y terminó por jubilarse con éxito.

Aunque es difícil resumir las habilidades de liderazgo en un capítulo, lo que sí puedo decirte es que el mundo civil se está dando cuenta, ahora más que nunca, de lo valiosos que son los veteranos para su beneficio. Los empleadores se dan cuenta de que ahorran dinero y tiempo al contratar a veteranos disciplinados, con iniciativa propia y personalidad orientada a la consecución de objetivos.

Amistades y vínculos

Conocerás y harás amigos para toda la vida. Existe una camaradería especial entre el personal militar, que es difícil de explicar a alguien que no haya completado al menos un servicio militar. La mayor parte de lo que aprendas en el servicio militar lo aprenderás de tus compañeros. Depende de cómo te hayan criado, algunas de las cosas que aprendas no harán sino magnificar lo que te enseñaron tus padres o hermanos. Otras veces, encontrarás figuras paternas que te acogerán bajo sus alas para enseñarte y guiarte en la dirección correcta.

Supongamos que quieres cambiar el aceite de tu auto; tienes el dinero, las herramientas y el taller de la base, pero no sabes cómo hacerlo. Ahora tendrás un montón de compañeros que estarán encantados de mostrarte sus habilidades y enseñarte cómo hacerlo. Esta es sólo una de las situaciones que pueden darse en una base militar. La mayoría de la gente no sabe que algunas de nuestras bases militares son ciudades dentro de una ciudad, algunas con más de cincuenta mil militares estacionados y/o que viven allí.

Si no sabes algo o necesitas mejorar una habilidad, siempre habrá alguien disponible para enseñarte y ayudarte, ya sea a hacer el balance de una cuenta de cheques por primera vez o a cocinar una pequeña comida. Los altos mandos y los oficiales quieren que tengas éxito, porque si tienes éxito en tu vida militar y personal, la unidad de la que ahora formas parte estará cumpliendo su misión continuamente. Todos en la base están trabajando fuera de casa; algunos, como tú, están fuera de casa por primera vez.

Aprendes sobre ti mismo

Te descubrirás a ti mismo a través de una vida militar desafiante. La mejor manera de explicar esta palabra *desafiante* es darte un ejemplo. Es viernes por la tarde, y tú y tus nuevos amigos militares tienen el fin de semana libre. Te invitan a correr una carrera de 10 km a la mañana siguiente, pero lo más lejos que has corrido son unos seis kilómetros. Dices que sí, y el sábado por la mañana corres la carrera de 10 km (6.2 millas) con tus amigos y lo haces excepcionalmente bien. Acabas de aprender no sólo que puedes correr 10 km, sino que realmente te gusta correr y quieres volver a hacerlo.

Un día, durante la comida, miras a tu amigo y le preguntas: "Oye, ¿qué estás leyendo ahí?". Tu amigo responde: "Oh, estoy repasando este trabajo que tuve que escribir para la universidad". Te enteras de que tu amigo está haciendo cursos universitarios después del trabajo. Después de conversar un rato, tu amigo te cuenta cómo es el proceso de matriculación y asistencia a clases en la base. Antes de esto, la universidad podría haber sido algo secundario, no tan importante, pero después de ver cómo tu amigo ha ido avanzando en su carrera, puede que tu actitud hacia la universidad haya cambiado. Pues bien, quizá no te decidas a ir a la universidad por ese solo encuentro. Sin embargo, después de ver a la mayoría de tus amigos cursar estudios universitarios en línea o en la base, puede que decidas utilizar esta ventaja de la ayuda para el pago de matrícula y empezar a estudiar. Recuerda que llegarás a ser como aquellos que te rodean.

Beneficios educativos

Programa de asistencia para el pago de matrícula (TAP, por sus siglas en inglés)

Utiliza el programa de asistencia para el pago de matrícula mientras estés en servicio activo y realiza cursos universitarios por las tardes sin costo alguno. La mayoría de las bases militares ofrecen cursos tanto dentro como fuera de la base o en línea. En los centros educativos de las bases hay numerosa literatura para ayudarte a empezar.

La clave es dejar de posponer las cosas. Toma una clase a la vez y antes que te des cuenta, te estarás graduando.

Forever Montgomery GI Bill

Las fuerzas armadas disponen de un beneficio educativo llamado GI Bill. Se trata de beneficios educativos que obtienes al licenciarte con honores de las fuerzas armadas. Si no terminaste tu carrera mientras estabas en el servicio militar, puedes usar el GI Bill para terminarla. La ley conocida como Montgomery GI Bill se actualiza constantemente para satisfacer las necesidades de nuestra mano de obra y tecnología en constante cambio. Por ejemplo, cuando yo me alisté en las fuerzas armadas no existía la Internet. Hoy día, como veterano, puedes hacer cursos en línea y pagarlos mediante el Montgomery GI Bill.

Fondos universitarios

A veces, como parte de tu contrato de alistamiento, si reúnes los requisitos, se te podría conceder un fondo universitario. Se trata de dinero adicional que complementa tu GI Bill. Después de hacer el examen ASVAB, pregunta a tu reclutador sobre los requisitos para obtener un fondo universitario y si hay alguno disponible.

Quiero hacer hincapié en que ir a la universidad depende totalmente de ti. Nadie te va a obligar a ir. Yo tomé clases de manera esporádica. Fue muchos años después cuando decidí terminar y obtener mi título. Durante mis tres últimos años en el Cuerpo de Marines utilicé un programa de ayuda para el pago de matrícula, y durante mi primer año de jubilación utilicé el Montgomery GI Bill para terminar y obtener mi licenciatura. Lo hice en mis propios términos y tiempos.

La gente busca un título universitario por diferentes razones. Yo lo hice por dos razones: superarme a mí mismo y ser de ejemplo para mis hijos.

Viajar

En la mayoría de los casos, se puede viajar dentro de los Estados Unidos y al extranjero por poco o nada de dinero, a menos que se trate de vacaciones personales. Durante mi primer año en el Cuerpo de Marines, a la madura edad de diecinueve años, viajé a Noruega, Francia, Escocia e Inglaterra. No, no llegué allí en avión, sino en un portaaviones, el USS Iwo *Jima*. Antes de esto, nunca había estado en el mar.

Durante mi segundo alistamiento viajé y trabajé en Bogotá (Colombia), Beirut (Líbano), Esmirna (Turquía), Kinshasa (Zaire, hoy República del Congo) y Montevideo (Uruguay).

Durante mis veinticinco años de carrera viví y trabajé en numerosas ciudades de los Estados Unidos y del extranjero. Conocí varias culturas y costumbres al viajar y vivir en Sudamérica, África, Europa y algunas islas del Caribe. Todos estos viajes fueron de gran enseñanza.

Cuanto más tiempo prestes servicio, más podrás viajar. Me ofrecí voluntario para ir a muchos de estos lugares. Sé de algunos militares que no viajaron mucho y pasaron la mayor parte de su carrera en una sola base. Es una elección personal. Yo elegí viajar todo lo que pude y aprender todo lo que pude. Decidí que el conocimiento nunca iba a ser una carga para mí.

Amplía tus horizontes y aprendes cosas nuevas

Conocerás a personas de todas las profesiones y condiciones sociales. Durante mi estancia en el Cuerpo de Marines hice amistad con personas de todo Estados Unidos. La sola experiencia de conducir de Carolina del Norte a Ashland, Kentucky, para una cena de Acción de Gracias con un compañero fue grandiosa e inolvidable.

Conducir de Carolina del Norte a California para asistir a una escuela de comunicaciones, mientras el Cuerpo de Marines me pagaba los kilómetros recorridos, el alojamiento y la comida, fue en sí misma una gran experiencia. Por aquel entonces, nunca había viajado por los Estados Unidos de costa a costa, y menos conduciendo.

Antes de unirme al Cuerpo de Marines, mi selección musical era principalmente en español, salsa, merengue y quizás un poco de rock suave. Hoy día, si escuchas mi iPod (sí, todavía tengo uno) o lees mi lista de reproducción en iTunes, no podrías situarme con certeza en ninguna nacionalidad. He ampliado mis horizontes más allá de lo que esperaba. He aprendido no sólo a escuchar, sino también a disfrutar de una gran variedad de música.

En todos mis pelotones del Cuerpo de Marines había infantes de marina de diversos orígenes culturales y económicos que tenían intereses y aficiones diferentes. Aprendí mucho de todos ellos. Por ejemplo, a principios de 1982 aprendí un poco de fotografía de un marine que tenía una cámara muy sofisticada y estaba muy bien informado. En 1983 aprendí a pescar en agua dulce con un compañero de la infantería de marina. En 1989 aprendí informática y pesca en agua salada con los marines que estaban estacionados conmigo en la Bahía de Guantánamo (Cuba). Recuerdo que compré mi segunda computadora, una Tandy 1000SL, y aprendí a utilizarla de un infante de marina.

Podría seguir y seguir, pero debes entender que llegarás a ser como aquellos que te rodean. Si decides alistarte en las fuerzas armadas, recuerda aprender de tus nuevos amigos y ayudarse siempre los unos a los otros. Tus viajes y misiones militares serán más agradables cuando puedas compartir conocimiento y amabilidad.

No hay despidos

Durante mi carrera en el Cuerpo de Marines, siempre tuve ingresos estables con pagos los días 1 y 15 de cada mes. Durante los altibajos de la economía, no era raro oír hablar de amigos y familiares que perdían su trabajo y tenían que empezar de nuevo en otro lugar. Este beneficio de que no haya despidos te permite planificar y ahorrar para tu futuro.

Al momento de escribir estas líneas, el gobierno se ha cerrado por la batalla para construir un muro entre México y Estados Unidos. Mi cheque de jubilación militar se depositó sin problemas. Es bueno saber que cuando te jubilas con éxito, un cierre del gobierno no afectará directamente tus finanzas.

Aprendes un oficio

Aprende un oficio y adquiere experiencia para que puedas conseguir una gran carrera después del servicio militar. Algunas personas sólo se enlistan una vez y utilizan el servicio militar como trampolín hacia una carrera en el mundo civil. Hay muchos programas que motivan a las empresas a contratar veteranos. Contratar a veteranos es un negocio inteligente. Si eres un empresario y contratas a un veterano licenciado con honores, estarás contratando a un empleado físicamente en forma, libre de drogas, disciplinado y automotivado. En promedio, los veteranos tienen muchas más posibilidades de ser contratados que los no veteranos.

En las fuerzas armadas hay que estar dispuesto a aprender cosas nuevas. Siempre he creído que el conocimiento es poder. Aprender un oficio no es solo aprender el oficio para el que te capacitaron. También deberías aprender el oficio de todas las personas con las que trabajas y/o te encuentras mientras estás en el servicio militar.

Voy a envejecer diciendo que cuando me incorporé al Cuerpo de Marines, los empleados administrativos utilizaban máquinas de escribir Smith Corona. Observé cómo un joven marine podía responder preguntas mientras escribía a máquina sin mirar las teclas. Me impresionó, y pensé que yo también quería poder hacerlo. Compré un libro y aprendí a escribir a máquina. Al día de hoy, esta habilidad me ha ayudado muchísimo.

Los marines formados en infantería suelen trabajar en las fuerzas del orden tras su baja. Los marines de aviación pasan mucho tiempo entrenándose y suelen recibir bonificaciones por volver a enlistarse. Cada especialidad militar ocupacional (MOS) te ofrecerá oportunidades cuando te desvincules de las fuerzas armadas.

Treinta días de vacaciones anuales pagas

Ganarás 2½ días de vacaciones pagas por cada mes que trabajes. Debes saber que, aunque te hayas ganado los días de vacaciones, habrá ocasiones en las que, debido a compromisos operativos militares, se te denegarán las vacaciones. Durante la mayor parte de mi carrera militar pude tomarme las vacaciones de Navidad o las de Año Nuevo, pero no ambas. Esa es la parte en la que muchos se frustran; no entienden el compromiso que se requiere para mantener la seguridad de este país. Recuerdo haber estado de guardia muchos días festivos y fines de semana largos. Recuerdo haberme perdido muchos cumpleaños y acontecimientos familiares. No me arrepiento de ello; solo lo señalo para que recuerdes que ni el Cuerpo de Marines ni ninguna otra rama del servicio militar pueden prometerte que todos los días van a ser estupendos.

La mayoría de las empresas civiles empiezan ahora con dos semanas de vacaciones; pasarán años antes que te ganes el derecho a cuatro semanas de vacaciones pagas al año. Para que quede claro, cobras mientras estás de vacaciones. Lo que pagas son las vacaciones propiamente dichas: el viaje, el ocio y la comida.

Asistencia sanitaria y dental

El creciente costo del seguro médico no será un factor a tener en cuenta durante tu estancia en las fuerzas armadas. Antes de tu baja, independientemente de si has servido cuatro o treinta años en las fuerzas armadas, te harán un examen físico, incluido dental, para darte de baja. Durante mi alistamiento, cada vez que me trasladaban a otra base, ya fuera por estudios o por trabajo, tenía que someterme a un examen médico completo.

Si decides permanecer en las fuerzas armadas y luego jubilarte, recibirás el enorme beneficio de un seguro médico y dental de bajo costo y alta calidad. Al momento de escribir estas líneas, como militar retirado pago 49,50 dólares al mes por nuestro seguro médico familiar y unos 120 dólares por nuestro seguro dental familiar.

Alojamiento y comida libres de impuestos

Tendrás la oportunidad de ahorrar dinero porque no pagas alquiler ni comida (alojamiento y comida gratis). De tu salario puedes contribuir a un plan de ahorro para la jubilación (TSP, por sus siglas en inglés), que es una cuenta de jubilación de la que puedes empezar a retirar dinero a la edad de 59½ años. El personal militar también hace aportes a la Seguridad Social. En el momento de la jubilación completa, dispondrás de múltiples fuentes de ingresos: la jubilación militar, la seguridad social, el TSP y cualquier otro ahorro o inversión que coloques en tu cartera de jubilación.

Al igual que estudiar en la universidad mientras estás en las fuerzas armadas, nadie te va a obligar a ahorrar dinero, pero ahorrar dinero mientras estás en el servicio militar es una oportunidad que debes aprovechar.

No puedo hablar por todas las ramas militares, pero puedo decirte que el Cuerpo de Marines me proporcionó bastante formación en planificación financiera. Estas clases me las ofrecieron en todas las escuelas de liderazgo a las que asistí.

Pago especial

Mientras estés en las fuerzas armadas recibirás aumentos de sueldo por diversos motivos: ascensos, un año más de servicio, ajustes por el costo de la vida, cumplimiento de un deber especial o adquisición de cualificaciones especiales. El reclutamiento militar se considera un servicio especial. Todos los reclutadores reciben un pago especial mensual sólo por estar en servicio de reclutamiento y, no, no tiene nada que ver con la cantidad de personas que reclutan. Ninguna rama militar paga comisión por alistamiento. El pago asciende a unos 450 dólares adicionales al mes. Este pago adicional se debe a que los reclutadores pasan muchas horas trabajando con los aspirantes, los padres y los educadores. Si tienes que utilizar un idioma extranjero durante el desempeño de tus funciones, puedes obtener un pago por competencia lingüística. O si eres apto para ejecutar saltos y tu trabajo te exige saltar de aviones (sí, con paracaídas), podrás calificar para estos pagos adicionales mensuales.

Plan de jubilación

A las personas que deciden hacer de las fuerzas armadas su carrera se las conoce como vitalicias. Cuando te retires con éxito de las fuerzas armadas, recibirás un seguro médico y dental a un precio muy razonable, como he mencionado anteriormente.

Las fuerzas armadas tienen un gran plan de jubilación que funciona de la siguiente manera: completas un mínimo de veinte años de servicio honorable y, a cambio, ganas el 50% de tu sueldo base anual de por vida en la forma de una anualidad mensual. Este pago mensual comienza al mes siguiente de la jubilación. He aquí un ejemplo básico: Un soldado gana 48.000 dólares anuales de sueldo base, por lo que al jubilarse tras veinte años de servicio honorable recibirá 24.000 dólares. Si dividimos esa suma por doce meses, su pensión mensual de jubilación será de 2000 dólares menos impuestos, de por vida, con un incremento por el costo de la vida ajustado periódicamente por el gobierno. Para no complicar demasiado con las matemáticas, por cada año que superes los veinte años de servicio, ganarás otro 2,5% en el pago de jubilación militar, hasta un máximo del 75% por treinta años de servicio.

Además de los beneficios monetarios, otro beneficio de la jubilación es tu tarjeta de identificación militar permanente que te permite visitar cualquier base militar de los Estados Unidos dentro y fuera del país. Puedes adquirir mercancías en las bases militares sin pagar impuestos por lo que compres.

Descuentos para militares

Muchas empresas y eventos ofrecen descuentos para militares en productos y/o servicios. Yo personalmente he utilizado este beneficio durante muchos años mientras estuve en las fuerzas armadas y ahora como jubilado. Ahorro un 10% en Home Depot y Lowes todo el tiempo. No me avergüenzo de utilizar un beneficio que me he ganado. Doy las gracias a todas las empresas que nos extienden su reconocimiento y generosidad.

CAPÍTULO 5

LO NEGATIVO

Irse de casa

Dejarás tu casa y tu trabajo, y vivirás a muchos kilómetros de tus padres, hermanos y amigos. De vez en cuando, como lo dicten las operaciones militares, perderás por completo el contacto con tu familia. Desafortunadamente, llegué a un punto en el que ni siquiera sabía qué hacían mis hermanos para divertirse. No es que me olvidara de ellos; simplemente estaba tan ocupado con el estudio y los viajes que a veces perdía el contacto durante meses.

La vida militar pasa factura a las relaciones a distancia, y la mayoría no duran. La verdad es que no hay una forma agradable de expresar esto. A veces un joven habla de casarse inmediatamente después de graduarse del campamento de entrenamiento. Yo siempre lo he desaconsejado. Casarse en las fuerzas armadas es difícil, especialmente si eres nuevo en el servicio militar y tienes un rango bajo. Yo no me casé hasta que cumplí catorce años de servicio, y sigo casado hoy día, probablemente, gracias a esa decisión de esperar un poco.

Es difícil dejar atrás el hogar, a mamá y la tarta de manzana cuando eres joven. Seguro que has oído el dicho: "En la cima se está solo". Creo que este dicho se aplica especialmente a los militares. Muchos dejarán amigos y familiares durante periodos muy largos. Cuando vuelvan a casa, tendrán poco en común con la mayoría de sus antiguos amigos. Se habrán convertido en una persona diferente con objetivos distintos. Esto no te hace ni mejor ni peor, sólo diferente.

Cambiar completamente tu estilo de vida

Es posible que compartas habitación (cuartel de soltero) con uno o dos militares más durante tu formación inicial y una vez que empieces a trabajar en las fuerzas armadas dentro de tu especialidad militar (MOS). Tu alojamiento mejorará a medida que ganes rango (asciendas). Debes saber que vivirás muchas veces en espacios reducidos con desconocidos.

El salario es bajo

Al menos al principio, hasta que empiezas a ascender. Aunque fue hace muchos años, aún recuerdo que mi primer sueldo fue de 265 dólares quincenales. Aunque sabía que el sueldo no iba a ser muy alto, fue un shock recibir tan poco. Hoy el sueldo es mucho más alto, pero sigue sin estar a la altura del costo de la vida. Para resaltar cómo cambian las cosas, cuando me alisté por primera vez en 1979, los días de pago hacía una larga cola para recibir dinero en efectivo, mientras que hoy todo se hace por depósito directo.

Normas de aseo militar

Te tendrás que rapar la cabeza y tendrás que seguir un estricto código de vestimenta durante tu alistamiento, incluido mantener el pelo bien corto. Esto no es un gran problema para la mayoría, pero es bueno saberlo. Cuando no estás de servicio en el Cuerpo de Marines tienes que llevar una camisa con cuello metida por dentro de los pantalones y con cinturón. Cada servicio tiene sus propias normas de vestimenta.

Podrías morir en entrenamiento o en combate

Te alistas en las fuerzas armadas para aprender a luchar y defender a tu país. No lo endulcemos: puede costarte la vida. Al igual que tus predecesores, podrías encontrarte en grave peligro de sufrir lesiones físicas graves y/o de morir.

Es posible que detestes tu trabajo

Podrías tener que hacer un trabajo que detestas durante cuatro a seis años, depende de la duración de tu contrato de alistamiento. Durante mi estancia en el Cuerpo de Marines, conocí a personas a las que les encantaba la vida de los marines. También conocí a algunos infantes de marina que siempre estaban descontentos. Simplemente, no les gustaba lo que estaban haciendo. La mayoría terminaba su alistamiento e inmediatamente buscaba trabajo en otro sitio. Estas personas contaban los años, meses y días que faltaban para que terminara su contrato.

Admiraba mucho su integridad como su compromiso de terminar su contrato en condiciones honorables.

Código Uniforme de Justicia Militar (UCMJ, por sus siglas en inglés)

La mayoría de las personas que se alistan en el ejército nunca han oído hablar del UCMJ. Después de todo, no se alistan con la intención de meterse en problemas con la ley.

El UCMJ es lo que define el sistema de justicia militar. Lo clasifico como algo negativo porque si estás pensando en alistarte en las fuerzas armadas, necesitas saber todo lo que puedas sobre ello. Así que, déjame que te plantee un escenario. Te alistas y después de un año en las fuerzas armadas, llegas tarde al trabajo. El sargento se sienta contigo y te dice que eso es inaceptable. Tres días más tarde, vuelves a llegar tarde y te remiten a un oficial superior, por ejemplo, un sargento, que te dice que si llegas tarde dos veces puede que tenga que tomar medidas disciplinarias contra ti. Te advierte que necesitas "ponerte las pilas" y pensar en tu carrera militar. A la tercera vez que llegas tarde, te llaman la atención y "te anotan". Entonces, te derivan a lo que se conoce como "horas de oficina". Ahora el oficial al mando lee los cargos contra ti y te impone el castigo, que es proporcional a tus infracciones. Llegar tarde al trabajo tres veces puede acarrearte la pérdida del pago durante un mes y treinta días de restricción a cuarteles de soltero. Este es sólo un ejemplo de cómo el UCMJ puede afectarte a ti y a tu carrera militar.

En todos mis años de servicio nunca me vi afectado por el UCMJ. Mi única participación fue como cazador (una tarea que consistía en escoltar a los marines al tribunal marcial y luego al calabozo). Es importante que sepas que, si cometes un delito en tu vida civil, también serás castigado en tu rama militar.

He aquí un ejemplo: Te detienen por conducir bajo los efectos del alcohol un viernes por la noche. Tú y tu unidad debían partir al día siguiente a bordo de un buque para realizar maniobras militares en el Mediterráneo. Cuando la unidad pasa lista, tú no estás presente porque has pasado la noche en la cárcel. Las fuerzas armadas te acusarán de ausencia no autorizada (UA, por sus siglas en inglés). También te acusarán de faltar a una maniobra: tu unidad ha tenido que ir a una operación militar sin ti. Ascender de rango se volverá muy difícil, lo que afectará tu posibilidad de volver a enlistarte y permanecer en las fuerzas armadas, si ese era tu objetivo.

Diré que la mayoría de los militares nunca se verán afectados por el UCMJ; se unieron a las fuerzas armadas para superarse y no infringen la ley.

CAPÍTULO 6

RECLUTADORES DE LAS FUERZAS ARMADAS

Lo primero y más importante que hay que saber es que Estados Unidos tiene una fuerza de voluntarios. Al momento de escribir estas líneas, no se recluta a nadie.

Todos los reclutadores de las fuerzas armadas reciben formación en sus respectivos servicios. Los reclutadores de la Infantería de Marina van a la escuela de reclutadores de San Diego, California, para recibir capacitación, donde aprenden todo lo relacionado con el reclutamiento. Se les enseña lo que se debe y lo que no se debe hacer para comunicarse con posibles candidatos, educadores, líderes comunitarios y cualquier persona que puedan encontrar en las calles de los Estados Unidos.

¿Qué hacen los reclutadores?

Los reclutadores reciben instrucción para buscar candidatos calificados. Esto significa que los reclutadores están entrenados para visitar lugares donde los jóvenes aprenden, trabajan y viven para hablarles sobre las oportunidades que ofrecen las fuerzas armadas. Estos lugares pueden ser institutos, colegios comunitarios, universidades, centros comerciales y cualquier otro lugar público que congregue a jóvenes.

A los reclutadores se les enseña a evaluar a los aspirantes para determinar si reúnen los requisitos o no para el servicio militar. Se les enseña a evaluar las tres principales categorías de calificación: nivel educativo, aptitud física e implicación policial.

También se les enseñan técnicas de venta, con énfasis en la capacidad de escuchar de manera interactiva. Esta formación ayuda a los reclutadores a presentar los beneficios militares a los solicitantes de una manera que sea fácilmente comprensible. Estos reclutadores ya han pasado algún tiempo en las fuerzas armadas, incluido el campo de entrenamiento y la escuela MOS y han trabajado en sus respectivas ramas. Cuando están reclutando en las calles de los Estados Unidos, están reclutando para todos los campos de su rama militar, no específicamente para la rama en la que se encuentran.

Como reclutador de infantes de marina, tenía claramente una misión de contratación, pero también una responsabilidad con todos aquellos a los que reclutaba. Al igual que yo, algunos de los jóvenes a los que reclutaba estaban intrigados por el reto de ganarse el título de Infante de Marina de los Estados Unidos. La forma en que hablaba a los jóvenes sobre su decisión de alistarse era la siguiente:

"Bien, entiendo que quieres alistarte en el Cuerpo de Marines. Sé también que has resultado precalificado. Has pasado la prueba de aptitud vocacional de las fuerzas armadas y no tienes ningún problema físico que te impida pasar nuestro examen médico. Tampoco tienes ningún problema pasado o presente con las autoridades policiales. Lo que necesito que entiendas es que sólo puedo ofrecerte aquello para lo que calificas en función de los resultados de tu examen ASVAB".

Como reclutador, siempre informaba a mis aspirantes que no debían alistarse en el Cuerpo de Marines por los beneficios, porque estos no son un factor de suficiente motivación para superar los retos que enfrentarás en el campamento de entrenamiento y en el Cuerpo de Marines. Lo que te hará superar el campamento de entrenamiento es tener la idea de que será un reto y tu actitud de "puedo hacerlo".

Además, explicaba a los aspirantes que los beneficios son como los premios y las medallas: si los valoras, el Cuerpo de Marines te los dará. No tienes que perseguirlos; ellos deben perseguirte a ti. Como he mencionado antes, depende de ti utilizar tus beneficios y superarte en la vida.

Hora de un cuento

Un policía mira la carta de un restaurante y le pregunta a la camarera:

- ¿Qué tal están los filetes aquí?

- Aceptables—le responde la camarera

- No ha sido una recomendación muy convincente—le dice el policía.

- Usted busca una recomendación convincente o que le diga cómo están los filetes—responde la camarera.

El agente sonríe y pide otra cosa. Comprende que se trata de una camarera sin pelos en la lengua que no le va a decir lo que quiere oír.

Necesito que entiendas que un buen reclutador no te va a pintar un cuadro color de rosa sobre el campamento de entrenamiento o la vida militar. Un buen reclutador no te dirá sólo lo que quieres oír.

No estoy demonizando a alguien que quiere unirse a las fuerzas armadas con el fin de utilizar el beneficio de las oportunidades educativas, tales como la asistencia para el pago de matrícula y el Montgomery GI Bill. Lo que estoy diciendo es que el reto y la oportunidad de servir a tu país siempre debe prevalecer sobre el paquete de beneficios.

La misión de contratación de un reclutador de las fuerzas armadas es sólo eso: una misión. Todas las ramas militares tienen sus misiones de contratación y envío. Estas misiones se transmiten a los reclutadores con datos específicos como el número de estudiantes de último año de secundaria, graduados, mujeres y músicos que necesitamos reclutar. Todas las grandes instituciones tienen objetivos y declaraciones de misión.

Hora de otro cuento

En una calurosa tarde de verano, mientras trabajaba en el sur de Florida como instructor de reclutadores, me pidieron que hiciera de modelo para un reclutador que tenía dificultades para conseguir el consentimiento paterno. De camino a casa, el reclutador me iba contando lo difícil que sería. Escuché todo lo que tenía que decir y luego le hice una pregunta:

- ¿Qué opina el joven de los marines?

- Oh, definitivamente, quiere alistarse. Su madre está de acuerdo, pero su padre va a ser un problema. Cuando lleguemos, tenemos que esperar un par de minutos hasta que su padre llegue del trabajo—me contestó el reclutador.

  Le hago saber que está bien esperar y conocer a la madre.

  Cuando llega el padre, se ve educado, cordial y con muchas dudas. Después de responder todas sus preguntas, me dice:

- ¿Tienen un cupo que cumplir? Ya saben, si tienen que reclutar a tantas personas al mes.

- Sí, tenemos un cupo—le contesté.

Pude ver a mi joven reclutador con la mirada perpleja y parecía que se hundía cada vez más en el sofá; quizá me lo imaginé. Le pregunté al padre:

- ¿Cuántas horas ha trabajado hoy? —le pregunté al padre.
- Ocho horas—respondió rápidamente.
- ¿Por qué no seis o siete horas? —le pregunté.
- Porque así lo dispone el contrato que firmé—fue su respuesta.

Básicamente, mi conversación con él fue para explicarle que todos estamos sujetos a algún tipo de cupo o norma. Encargo a mis reclutadores que encuentren tres de los mejores candidatos para alistar por mes. Si sólo encuentran uno o dos, nadie va a ser despedido. Como verás, son sólo objetivos. A veces los reclutadores encuentran cinco, seis o más por mes. No obstante, le indiqué al padre dos cosas. Una, que era culpa suya que yo estuviera en su casa para alistar a su hijo, porque él lo educó correctamente y eso significaba que su hijo estaba bien calificado para alistarse en la Infantería de Marina. Y dos, que el hecho de que alguien tenga un cupo que cumplir no significa que sea una mala persona con malas intenciones.

Él y su mujer firmaron el consentimiento paterno, y mi reclutador se quedó perplejo durante todo el camino de vuelta a la oficina de reclutamiento. Sus palabras exactas fueron: "Sargento, no sé si puedo hacer eso, ya sabe, hablar así con la gente". Tuve una buena conversación con él, y le ayudé a entender que alistar a personas en las fuerzas armadas es una profesión honorable. No se miente ni se endulzan las cosas. Cuanto más ames tu rama de las fuerzas armadas, más fácil te resultará reclutar. Este reclutador siguió haciendo su trabajo y terminó con éxito su gira de reclutamiento.

Aunque a los reclutadores militares se les enseña a vender y persuadir a los aspirantes para que se alisten, creo que todo el que se alista lo hace por voluntad propia. Directa o indirectamente, soy responsable del alistamiento de cientos de hombres y mujeres jóvenes en el Cuerpo de Marines. Nunca he hecho nada más gratificante en mi vida. Sé que he introducido cambios positivos en la vida de un gran número de personas.

También hablé y mantuve entrevistas completas con numerosos aspirantes altamente calificados que no siguieron adelante con el alistamiento después de mi entrevista. Me complace saber que traté a cada una de estas personas con respeto y dignidad antes y después de su decisión. También espero que hayan encontrado su camino en la vida y que hayan sido bendecidos con mucha salud y felicidad. No creo que haya que alistarse en una rama de las fuerzas armadas para tener éxito. Se puede tener éxito independientemente de la carrera que se siga. Entonces creía, y sigo creyendo, que tratar a los demás como quieres que te traten te llevará al éxito. Desde que me jubilé hace quince años, me he encontrado con muchos de mis reclutas y me complace decir que hoy todos tienen éxito.

Ahora que has decidido por qué quieres alistarte (e insisto, cada uno decide alistarse por diferentes razones), es hora de organizarte y prepararte para el alistamiento.

CAPÍTULO 7

¿QUÉ REQUISITOS SE DEBEN CUMPLIR?

Independientemente de la etapa de tu vida en la que te encuentres, cuando decides alistarte en el las Fuerzas Armadas de los Estados Unidos, hay algunas cosas que son iguales en todas las ramas militares. Estos son los requisitos que debes cumplir.

Ciudadanía

Debes ser ciudadano estadounidense o inmigrante legal (en posesión de la *green card*), con residencia permanente en los Estados Unidos.

Educación

Debes haberte graduado o al menos estar en el último año de la escuela secundaria con buenas calificaciones para graduarte a tiempo. Debes aprobar el examen de Aptitud Vocacional para las Fuerzas Armadas (ASVAB). El ASVAB es un examen de tres horas comparable al

SAT. Es un examen gratuito. Algunas escuelas secundarias de todo el país permiten que las fuerzas armadas tomen este examen a cientos de estudiantes de secundaria a la vez. Y si eres un estudiante de último año de la escuela secundaria, puedes usar tus puntajes aprobatorios para alistarte. Si estás seriamente interesado en unirte a las fuerzas armadas, y tu escuela secundaria ofrece este examen, te recomiendo encarecidamente que lo tomes. Como mínimo, sería bueno que te familiarices con el examen y aprendas lo que necesitas mejorar para obtener un mejor puntaje la próxima vez. Los puntajes del examen son válidos por dos años. Después de alistarte, tus puntajes son válidos durante todo el tiempo que permanezcas en las fuerzas armadas.

Hay una cosa que debes entender sobre el ASVAB: cuanto mejores sean tus puntajes en el ASVAB, a más programas de alistamiento podrás calificar. Si apenas aprobaste el examen, el reclutador militar solo podrá ofrecerte programas limitados para tu alistamiento. Un ejemplo de esto sería que, si tu puntaje es bajo en el área de conocimiento de mecánica, es probable que no califiques para un trabajo de mecánico de aviación.

Tu puntaje determinará no solo para qué programas calificas, sino también cuándo enviarte al campo de entrenamiento. Si tienes un interés sincero en mejorar tus puntajes, visita una librería o compra en línea una guía de estudio ASVAB. Estas guías de estudio tienen preguntas y exámenes de muestra. Mientras escribía este capítulo, rápidamente encontré e instalé una aplicación

ASVAB en mi teléfono móvil. Probé la aplicación y descubrí que es muy fácil de usar. Hay muchas aplicaciones disponibles para descargar que tienen preguntas de práctica de opción múltiple desglosadas por secciones ASVAB y también contienen uno o más exámenes de muestra para practicar.

Un estudiante de secundaria que haya completado Álgebra I, Álgebra II y Geometría, y tenga buenas calificaciones tendrá grandes posibilidades de obtener un buen puntaje en el ASVAB. Los estudiantes que tienen buen rendimiento en inglés y leen con frecuencia también obtendrán buenos resultados. Los resultados del ASVAB suelen reflejar los logros académicos del estudiante en la escuela secundaria.

Cada vez que conocía a un estudiante de primer año de secundaria que estaba realmente interesado en las fuerzas armadas, lo orientaba y le decía exactamente lo que debía conseguir en los siguientes cuatro años de la escuela para estar excelentemente calificado para el servicio militar. ¿Intentas adivinar lo que les decía? No lo adivines más; este es el consejo que le daba a cualquier joven de primer año:

Primero y principal, ven a la escuela preparado para absorber todos los conocimientos que puedas. Toma todas las clases muy en serio y haz todas las preguntas que quieras; haz que tus profesores se ganen el sueldo. Tu objetivo en cada clase es aprovecharla al máximo. Obtener la mejor calificación de la clase. No vayas a la escuela solo con el objetivo de aprobar. Cualquiera puede aprobar y obtener un diploma. Tu objetivo debe ser obtener "A" en todas tus asignaturas. Una "B" de vez en cuando es aceptable. Una "C" no es una buena calificación; *this means you can't C your teacher; you're blind.* Asegúrate de tomar todas las clases requeridas para obtener tu diploma y algunas clases adicionales. Toma clases en verano para avanzar. Acaba pronto todas tus clases de matemáticas, inglés y ciencias.

Mientras aprovechas al máximo los estudios, ponte en forma poco a poco. Pide permiso a tu médico para hacer ejercicio. Empieza poco a poco; eres un estudiante de primer año y tienes tiempo para desarrollar un buen sistema cardiovascular, fuerza y resistencia.

Implicación policial

Tu historial de implicación policial hará que tus esperanzas de alistamiento se desvanezcan de inmediato, se retrasen o te obligue a solicitar una exención moral, si está disponible. Todos cometemos errores, unos más grandes que otros. Algunos aspirantes piensan que están descalificados por los problemas que tuvieron con la ley alguna vez y que no pueden enlistarse, por lo que se descalifican a sí mismos y nunca hablan con un reclutador, pero ese no es necesariamente el caso.

Como reclutador de los infantes de marina me encontré con muchos jóvenes que habían cometido errores en su vida. A la mayoría pude ayudarlos y alistarlos. A otros tuve que mirarlos directamente a los ojos y decirles que lo sentía, pero que el Cuerpo de Marines no podía pasar por alto su historia particular y que estaban descalificados para alistarse. Veamos un ejemplo para explicarlo mejor. Digamos que obtienes un puntaje muy alto en el ASVAB, te has graduado de la escuela secundaria y estás en buena forma física. Pero cuando tenías quince años robaste un auto, te fuiste a dar una vuelta y te detuvieron por robo de automóvil. Pagaste algunas multas, hiciste algunas horas comunitarias y pasaste un tiempo en libertad condicional. Ahora tienes diecinueve años y en los últimos cuatro no has tenido ningún problema con la policía.

Un buen reclutador presentará tu caso a su oficial al mando de reclutamiento para que considere lo que se conoce como exención moral. Si se aprueba la exención, podrás alistarse con algunas condiciones. Es posible que se te exija que te traslades al campo de entrenamiento en un plazo de treinta días y no se te dará la oportunidad de ingresar en algunas especialidades de ocupación militar (MOS). Por ejemplo, no podrás ser policía militar, militar de inteligencia ni mecánico de aviación. En esencia, las fuerzas armadas quieren reclutar a los mejores estadounidenses para defenderla. Atrás quedaron los días en los que un juez te decía que o ibas a la cárcel por tu delito o bien te alistabas en las fuerzas armadas Cada rama del servicio militar maneja las exenciones de manera diferente.

Aptitud física

Debes estar en condiciones de pasar un examen físico completo de pies a cabeza en la Estación de

Procesamiento de Admisión Militar (MEPS, por sus siglas en inglés). Cada rama militar tiene estándares de altura y peso. Hay algunos problemas médicos que te descalificarán para entrar en las fuerzas armadas.

Cuando tú y un reclutador se reúnan por primera vez, el reclutador te hará muchas preguntas sobre tu salud. Te preguntará sobre tu historial de cirugías o visitas al hospital, y sobre cualquier alergia que puedas tener. También te preguntará si tienes algún clavo o metal que te hayan colocado en el cuerpo. Será muy minucioso cuando te pregunte sobre cualquier visita a un profesional de la salud mental.

El objetivo de estas preguntas sobre tu historial médico es descalificarte. Sí, leíste bien; el reclutador está intentando ahorrar tiempo tanto a ti como a él mismo. Es responsabilidad del reclutador asegurarse de no alistar a nadie que esté físicamente descalificado. Recuerda que tus respuestas no necesariamente te descalifican.

Si se determina que estás mental y moralmente precalificado, pero tus respuestas sobre tus calificaciones físicas no son alentadoras o derivan en más preguntas, el reclutador te pedirá que proporciones toda la documentación médica, que será enviada al médico local de la Estación de Procesamiento de Admisión Militar (MEPS) para su revisión. Por lo general, a los pocos días la estación de reclutamiento recibirá una respuesta que afirme que el aspirante puede continuar con el alistamiento, o el mismo médico de la MEPS puede declarar que examinará al aspirante y luego, posiblemente, lo enviará a un especialista local. Nota: Estas visitas médicas al MEPS y las remisiones a un especialista son gratuitas para el aspirante.

El reclutador siempre debe pesarte en la consulta y anotar tu peso y tu estatura. Algunos aspirantes tienen sobrepeso y en ese momento serán descalificados por el reclutador. Si estás mental y moralmente calificado y te encuentras físicamente descalificado debido a tu peso, por favor consulta a tu médico antes de embarcarte en un programa de dieta y ejercicio.

Ciertas ramas de las fuerzas armadas tienen algunos ejercicios que debes ser capaz de realizar antes que te consideren para el alistamiento. El Cuerpo de Marines requiere que corras una milla y media, que hagas algunas flexiones y/o dominadas, y algunos abdominales/sentadillas. De nuevo, recuerda que los requisitos cambian de vez en cuando. Consulta con tu reclutador para conocer los requisitos actuales.

La idea es que estés en buena forma física como punto de partida para comenzar un régimen de entrenamiento físico ligero, antes de partir para el campo de entrenamiento. Cuanto mejor sea tu forma física, más fácil te resultará llegar al campo de entrenamiento. Recuperación es la palabra clave: Cuanto mejor sea tu forma física, más rápido te recuperarás del entrenamiento físico en el campo de entrenamiento. Un buen reclutador te enseñará cómo hacer estiramientos e hidratarte correctamente antes, durante y después del ejercicio.

No puedo resistirme a mencionar que, para mejorar en las dominadas, *debes hacer* dominadas. Para mejorar en tus carreras *debes correr*, y correr sobre un camino físico no sobre una máquina.

CAPÍTULO 8

DESPUÉS DEL ALISTAMIENTO Y ANTES DEL CAMPO DE ENTRENAMIENTO

Ayer estuviste en el MEPS, donde te hicieron el examen físico y luego levantaste la mano derecha y prestaste juramento. Ahora estás en lo que se llama programa de ingreso diferido. Todavía estás en el último año de la escuela secundaria y la fecha de ingreso al campamento de entrenamiento es tres semanas después de graduarte de la secundaria, es decir, dentro de seis meses.

Tu reclutador te proporcionará alguna información sobre ciertos ejercicios y puede que también te lleve a hacer ejercicio de vez en cuando. Sin embargo, debido a que el reclutador está ocupado con el reclutamiento continuo de jóvenes como tú, te recomiendo que inviertas todo el tiempo que puedas en ponerte en buena forma física. Debes tener la disciplina de hacerlo tú mismo.

Yo me alisté en el programa de ingreso diferido en marzo e ingresé cinco meses después, en agosto. Me sentía bien y, a la vez, un poco asustado por ir al campamento de entrenamiento de los Marines en Parris Island, Carolina del Sur, en pleno verano. Me sentía bien porque sabía lo que iba a hacer durante los próximos cuatro años. La parte del miedo se debía a que quizás no sabía realmente dónde me estaba metiendo.

Lo que estaba claro era que tenía que ponerme en forma. Durante toda la escuela primaria, intermedia y secundaria asistí a clases de gimnasia como requisito en Nueva York. El problema era que sólo pesaba 105 libras [48 kg] y medía 5.4 ft. [1,65 m] (pues sí, bajito). Hoy mido 5.3 ft. [1,61 m]; mi médico dice que todo baja con la edad.

Empecé a correr despacio, añadiendo un poco de distancia cada dos semanas a mis carreras. Para cuando ingresé, podía correr fácilmente tres millas o trotar cuatro millas sin molestias. Hacía flexiones y abdominales a diario, aumentando gradualmente el número. Cuando llegó el momento de ingresar, podía hacer fácilmente catorce dominadas, cien flexiones y ochenta abdominales.

La mayoría de los reclutadores sacan tiempo para entrenar contigo al menos una vez al mes. Sólo vi a mi reclutador tres veces: el día que me recogió para llevarme al examen físico y al alistamiento en el MEPS de Filadelfia, otra vez para hacer ejercicio y, por último, el día que me recogió en casa cuando llegó el momento de partir hacia Parris Island. En aquel momento no me enojé con él. Al fin y al cabo, nunca me había prometido que me ayudaría a ponerme en forma. Me explicó que era mi responsabilidad prepararme. Eran otros tiempos en nuestro país; soy de la opinión de que en las escuelas públicas de hoy día no se le da mucha importancia a la forma física a menos que estés en un equipo deportivo.

Así pues, repasemos algunas de las cosas que debes hacer antes de tu partida al campamento de entrenamiento. Estos consejos se aplican independientemente de la rama de las fuerzas armadas a la que te incorpores.

En primer lugar, es obvio que has superado el examen físico del médico del MEPS, por lo que ahora **debes iniciar un programa de ejercicio lento y progresivo y una dieta adecuada.** Comienza poco a poco, toma nota y aumenta gradualmente la distancia que corres. Si está a tu alcance, ve a una piscina y practica mantenerte a flote (nunca solo en el agua) durante largos periodos de tiempo. Si tienes un ligero sobrepeso, disminuye gradualmente el consumo de alimentos. Deje de comer alimentos grasos y dulces. **Elimina los refrescos y los dulces y, en cambio, consume pan integral, frutos secos, frutas y vegetales.** Tu cuerpo es como un motor; sólo funcionará tan bien como lo cuides.

Mientras cuidas tu cuerpo con una dieta adecuada y ejercicio, **aprende a descansar**. Lo que quiero decir es que dejes de salir hasta altas horas de la noche con tus amigos; ellos no te van a ayudar a superar los rigores del campo de entrenamiento. Aprende a dormir al menos siete u ocho horas cada noche. No, no leíste mal. Sí, dije: "Aprende a descansar y dormir".

Aprende a hidratarte. Algunas personas no tienen problemas para beber agua. Otras no beben agua y, en cambio, intentan sobrevivir a base de jugos y refrescos. Debes empezar a beber agua a diario de inmediato. Esto es importante porque en el campamento de entrenamiento harás mucho ejercicio y beberás muchas cantimploras de agua cada día. ¿Cuánta? Divide tu peso corporal por dos y bebe esa cantidad en onzas. Hoy peso unas 160 libras, lo que significa que debería beber unas ochenta onzas de agua al día.

El mejor momento para beber agua es justo antes de las comidas. Espera unos cinco minutos a que el agua se digiera correctamente y luego come despacio. Verás que naturalmente comerás menos porque te sentirás lleno con el agua.

Una orina muy amarilla significa que no estás hidratado; una orina de color amarillo pálido es el objetivo. Cuanto más clara sea la orina, mejor hidratado estarás. Precaución: No te vuelvas loco bebiendo toneladas de agua de golpe. Bebe agua poco a poco a lo largo del día. Todo lo que hagas en preparación para el campo de entrenamiento debe hacerse lenta y progresivamente.

Junto con el cuidado de tu cuerpo, también **debes organizar tus finanzas** antes de salir de la ciudad. Por lo tanto, paga todas tus deudas y/o haz los arreglos necesarios para pagarlas cuando vuelvas. Pero no quemes ningún puente en casa. Debes ser responsable de tu vida personal para que no te persiga al campo de entrenamiento.

A diferencia de cuando yo me alisté, cuando no había Internet (no te rías), tienes los recursos a tu alcance para **aprender todo lo que puedas sobre la rama militar a la que te acabas de incorporar**. Hay muchos conocimientos que deberías aprender antes de ingresar al campamento de entrenamiento para que la vida te resulte más fácil. Después de alistarte, tu reclutador debería haberte proporcionado un panfleto o folletos con información que deberías estudiar antes de llegar al campamento de entrenamiento.

Cuando me alisté, me proporcionaron un pequeño libro para que pudiera aprender sobre el Cuerpo de Marines antes de llegar a Parris Island. Aprendí las particularidades y los principios del Cuerpo de Marines, mis once órdenes generales, costumbres y cortesías, y lenguaje y/o jerga militar. Algunos ejemplos de la jerga: el cuarto de baño se llama *head*, el suelo es *deck* y la pared es *bulkhead*. Todos estos conocimientos eran estupendos haberlos aprendido antes de llegar al campo de entrenamiento. Cuantos más conocimientos tengas y en mejor forma estés, más fácil te resultará la vida en el campo de entrenamiento.

Antes de llegar al campo de entrenamiento de la rama de servicio a la que te hayas alistado, tienes que hacer los preparativos necesarios para **guardar tus pertenencias**, incluidos los automóviles o bicicletas que poseas. Tu reclutador no es responsable de eso.

Toma nota de los nombres y las direcciones de cualquier persona con la que quieras mantenerte

en contacto durante el campamento de entrenamiento. Sí, es hora de volver al correo postal; no tendrás tu teléfono móvil en el campamento de entrenamiento.

CAPÍTULO 9

CÓMO TENER ÉXITO EN EL CAMPAMENTO DE ENTRENAMIENTO

Todas las ramas de las Fuerzas Armadas de los Estados Unidos tienen un campo de entrenamiento. Puede que lo denominen de otra manera, pero será un campo de entrenamiento y un desafío tanto mental como físico para la mayoría de las personas.

Yo me presenté al campo de entrenamiento pesando 105 libras [48 kilos] y, obviamente, no muy musculoso. No me enfoqué en los tres meses, sino en superar un reto a la vez. Hacía todo lo que podía para escuchar las instrucciones y seguirlas desde que me despertaba hasta el desayuno. Del desayuno a la comida. De la comida a la cena. De la cena a la hora de dormir.

Lamentablemente, muchas personas que pasan por el campo de entrenamiento exageran cuando cuentan su historia a un amigo o familiar al volver a casa. Estas exageraciones suelen disuadir a muchos de alistarse en las fuerzas armadas.

¿Será difícil el campamento de entrenamiento? Sí, absolutamente. Cuanto menos te prepares físicamente, más difícil será. Y, sí, algunas personas vuelven a casa sin poder completar el campamento de entrenamiento. En el Cuerpo de Marines, si te lesionas mientras estás en el campamento de entrenamiento, te reposicionan, es decir que no te graduarás con tu pelotón. Recibirás tratamiento médico y, cuando te mejores, volverás al entrenamiento y, finalmente, te graduarás.

Mis recomendaciones para tener éxito en el campamento de entrenamiento son las siguientes:

- Escucha y aprende todo bien desde el principio. Aprende de los errores de los demás.

- No sueñes despierto con volver a casa; concéntrate en lo que tienes por delante.

- No pienses que, porque no hiciste algo antes, no puedes aprenderlo.

- No intentes tomar atajos ni hacer trampas para conseguir el éxito. En otras palabras, no intentes reinventar la rueda. Te van a enseñar a hacer las cosas de una manera y en un orden determinados. Sólo tienes que seguir las instrucciones; los métodos que se utilizan son métodos comprobados.

- No te tomes las cosas como algo personal. El instructor no te conoce y, por lo tanto, no le desagradas. Su trabajo es ponerte a prueba tanto mental como físicamente hasta que hayas llegado a tu punto de quiebre.

Cualquiera que haya decidido alistarse en las fuerzas armadas debe entender que eso implica también que ha decidido mejorar drásticamente su forma física. Así que, para recapitular, lo que tienes que hacer para prepararte para el campamento de entrenamiento son estas cosas:

- Ponte en forma poco a poco, con ejercicio y una buena elección de alimentos.

- Aprende a hidratarte poco a poco; bebe agua.

- Aprende a descansar tu cuerpo durmiendo entre siete y ocho horas cada noche.

- Pon tus finanzas en orden y salda tus deudas antes de partir al campo de entrenamiento.

- Haz los preparativos necesarios para guardar tus pertenencias, como tu automóvil, tu bicicleta, etc.

CAPÍTULO 10

TU PRIMER ALISTAMIENTO

Al terminar el campamento de entrenamiento, lo normal es que vuelvas a casa para disfrutar de unos diez días de licencia (vacaciones). En tu poder tendrás órdenes militares escritas que indican cuándo y dónde debes presentarte para el servicio. Algunas personas se presentarán en la escuela ocupacional militar, mientras que otras se presentarán directamente en sus unidades militares. Si te presentas en una unidad militar, recibirás capacitación en el trabajo de tu especialidad hasta que comience una clase.

Tu primer alistamiento es el más difícil porque eres nuevo y tienes que adaptarte a la vida militar mientras estás lejos de casa. A medida que vayas conociendo a las personas y el área al que estás destinado, las cosas te resultarán más fáciles.

Como nuevo militar, te recomiendo que seas paciente y te tomes un tiempo para adaptarte. Ahorra todo el dinero que puedas, para que cuando tengas la oportunidad de irte de licencia (vacaciones) tengas los medios para volver a casa y disfrutar.

También te recomiendo que busques el gimnasio de la base y sigas mejorando tu aptitud física. Cuanto mejor sea tu forma física, más fácil te resultará la vida militar. Por cierto, hacer ejercicio en el gimnasio de la base es gratis. Y, sí, gratis es mi palabra favorita.

Cada rama de las fuerzas armadas tiene una rama de Moral, Bienestar y Recreación (MWR, por sus siglas en inglés). Tienen muchas actividades tanto dentro como fuera de la base en las que tú y tu familia pueden participar de forma gratuita o a un precio reducido. Tienen un calendario de actividades para que elijas. Lee los folletos de anuncios repartidos por toda la base y te sorprenderá ver todo lo que puedes hacer y aprender.

Dedica tiempo a mantenerte en contacto con tu familia. Creo firmemente que si olvidas de dónde vienes, probablemente no sepas adónde vas. Yo me he propuesto llamar a casa dos o tres veces al mes. Solía llamar a cobro revertido y luego enviaba dinero a casa para pagar la factura. Después la tecnología cambió; utilicé todas las tecnologías para mantenerme en contacto con amigos y familiares. También enviaba a casa regalos y recuerdos de mis viajes al extranjero.

Creo que las personas que te criaron y te ayudaron en el camino merecen que no las olvides. Te alistaste en las fuerzas armadas para mejorar tu vida y aprender cosas nuevas. No abandones a tu familia; es un puente que tendrás que volver a cruzar algún día.

CAPÍTULO 11

MOMENTO DE DECISIÓN: ¿VOLVER A ALISTARSE O PASAR AL SECTOR CIVIL?

Independientemente de que tu primer alistamiento sea de tres, cuatro o seis años, al terminar puede que te interese volver a alistarte para cumplir más años de servicio o pasar al sector civil.

Para mí fue una decisión difícil. Me di cuenta de que después de terminar cuatro años no había conseguido todo lo que me había propuesto. Volví a alistarme y me fue mucho mejor en mi segundo alistamiento. Me convertí en guardia de seguridad de los marines en el extranjero, trabajaba con diplomáticos, ganaba mucho más dinero y ahorré mucho más. Seguí cursos del Cuerpo de Marines por correspondencia. Recuerda que todo esto fue antes de la Internet. También mejoré mucho mi condición física.

Una vez que terminé mi segundo alistamiento con siete años en servicio activo, me resultó más fácil volver a alistarme. Mi nuevo objetivo era ganarme la jubilación a una edad temprana.

La decisión de volver a alistarse o pasar al sector civil no debe tomarse a la ligera. Sólo tú, el militar, puedes decidir qué camino tomar. Sólo tienes que sopesar los pros y los contras de tu decisión.

Yo sugeriría encarecidamente que, si durante tu primer alistamiento, descubres que detestas la vida militar, tengas un plan para completar tu alistamiento de manera honorable. Hazlo al mismo tiempo que realizas la mayor cantidad posible de trabajos universitarios y ahorras la mayor parte de tu salario. También te sugiero que envíes tu currículum al menos dos o tres meses antes que te licencien con honores.

Si consigues un trabajo en el gobierno después de tu servicio militar, puedes utilizar el programa de readquisición militar. Este programa permite a los veteranos licenciados con honores sumar sus años de servicio militar a sus años de servicio civil en su nuevo empleo público. Esto aumentará su pensión jubilatoria cuando llegue el momento de jubilarse.

Utilizar las fuerzas armadas como trampolín hacia el éxito no es mala idea. Alisté a bastantes marines, que después de un alistamiento pasaron al sector civil, y hoy tienen mucho éxito. Planifica tu propio éxito y toma medidas que te permitan seguir adelante con tu vida.

CAPÍTULO 12

UNA NOTA FINAL

Gracias por tomarte el tiempo de leer este libro. Creo que mis intenciones al escribirlo son buenas. Sinceramente, deseo que todo aquel que esté considerando unirse a cualquier rama de las fuerzas armadas haga su debida diligencia e investigue un poco.

Recuerda que, si decides unirte a las fuerzas armadas, será un desafío y debes decidir qué tan exitoso quieres ser. Las fuerzas armadas no son solo un lugar de trabajo; son un punto de inflexión. Debes levantarte y dar todo de ti todos los días.

Estar en las fuerzas armadas es una profesión honorable. Me quito el sombrero ante todos aquellos que hicieron el máximo sacrificio para que podamos vivir en libertad.

Dios bendiga a los Estados Unidos.

SOBRE EL AUTOR

Miguel A. Nieves nació en Utuado, Puerto Rico, y creció en Brooklyn, Nueva York. Tras graduarse de la escuela secundaria en 1979, se alistó en el Cuerpo de Marines y se presentó en el cuartel de reclutamiento de Parris Island, Carolina del Sur. Sirvió durante veinticinco años y cuatro días en el servicio activo (¿quién lleva la cuenta?) y se retiró como *Master Sergeant* de la Infantería de Marina.

Algunas de sus funciones y asignaciones incluyeron el de técnico electricista; jefe de cables como miembro de la Fuerza Multinacional de Mantenimiento de la Paz en Beirut, Líbano; guardia de seguridad de los marines (Servicio MSG, por sus siglas en inglés), Kinshasa, Zaire y Montevideo, Uruguay; servicio de cuartel, Bahía de Guantánamo, Cuba; reclutador de marines; instructor de reclutamiento; y miembro del equipo de contacto del distrito para el reclutamiento.

Fue condecorado con la medalla al mérito en el servicio, la medalla de encomio de la armada (3ª condecoración), la medalla al mérito de la armada (2ª condecoración) y la medalla a la buena conducta (8ª condecoración).

Se graduó de la American Military University con una Licenciatura en Humanidades y Marketing, y actualmente reside en el sur de Florida.

Made in the USA
Columbia, SC
27 September 2024